虽然不相见

扎西拉姆·多多 著

九州出版社
JIUZHOUPRESS

图书在版编目（CIP）数据

虽然不相见 / 扎西拉姆·多多著. —北京：九州出版社，2016.12
ISBN 978-7-5108-5027-1

Ⅰ. ①虽… Ⅱ. ①扎… Ⅲ. ①书信集—中国—当代②摄影集—中国—现代 Ⅳ. ①I267.5②J421.8

中国版本图书馆CIP数据核字（2017）第017444号

虽然不相见

作　　者　扎西拉姆·多多　著
出版发行　九州出版社
地　　址　北京市西城区阜外大街甲35号(100037)
发行电话　（010）68992190/3/5/6
网　　址　www.jiuzhoupress.com
电子信箱　jiuzhou@jiuzhoupress.com
印　　刷　天津市豪迈印务有限公司
开　　本　880毫米×1230毫米　32开
印　　张　8
字　　数　120千字
版　　次　2017年5月第1版
印　　次　2017年5月第1次印刷
书　　号　ISBN 978-7-5108-5027-1
定　　价　48.00元

我 们

不 是 智 慧 的 老 人

我 们

是 赤 裸 的 孩 子

目录

PART ONE

⊙

亲爱的大人

PART TWO

⊙

亲爱的小孩

PART ONE

亲爱的大人

亲爱的大人，

请照顾好住在你身体里的那个小孩。

亲爱的你：

也不知道是什么因缘，让你读到了这一本书。

它是一本书信集，而书信总是带着私人的性质，尤其这书里的每一封信，都是我过去真实信件的整理。

不过你完全不必觉得，买下这本书反映了你潜意识里的偷窥欲，出版这一本书，也绝不是因为我有什么压抑已久的暴露癖。这一次书信的集结出版是因为，其实书信才是我写作的主要方式，每一篇或长或短的文字，无论以什么文体出现，当初都是为了倾诉而来。在有书案的对面，我总是假设，有一个他日会在文字中相遇的你，或者有一个始终都在的神明。

而真正的书信便是最直接的倾诉了，因为彼此相识的亲密，加上无法相见的距离，从而有了一个坦诚自然又深入细致的诉说空间，这里有着面对陌生人时难以敞开的心意，也有面对面交谈时无法保持的专心一致，而更多的还是一种交付。虽然你不在这里，此时此刻的我，此时此刻的心情，还是要交由你来见证。

所以当你读到了这本书，你便无端地有了一份见证者的责任了。

你呀，多么无辜的你。
我呀，多么幸运的我。

祝你，阅读快乐！

多多

2016年12月30日于北京

我们烂尾的青春

在这阳光灿烂的日子，我的心仍奇怪地漆黑一片，

但是还能感觉到油头粉面的你。

Dear Helping:

今天是周末，有点热，有点懒的周末，正所谓“在这阳光灿烂的日子，我的心仍奇怪地漆黑一片，但是还能感觉到油头粉面的你”，还记得这我们一起看过的电影里的台词吗？所以我决定给你写一封信。

你知道吗？从我家的落地窗望出去，是两栋烂尾楼，我现在的办公室的落地窗外，也是两栋烂尾楼，这番光景让我不禁想写一写我们俩的烂尾青春。对啊，我们在热情即将被燃烧的岁月里分开，于是青春就那样被生生地搁置，永远没办法完成，却也不可能推倒重建，谁能给青春一个说法呢？那些又寂寞又美好的青春。

首先我要向你坦白，决定要学小提琴，只是因为我觉得周华健的《不愿孤单一个人》间奏部分用小提琴拉一定很棒，常常孤单一个人，在房间里想象那个美好的情形。后来跑去跟我妈说，学音乐能够提高智商、陶冶情操云云。我妈对我的智商和情操一向没有信心，所以很快就同意了。教琴的老师说要两个人一起学，我需要先找一个和我同样有追求的人，第一个就想起了你。我忘了当时究竟是怎么说服你的，更加不知道你对自己的情操到底有着怎样的抱负，只是记得你爸给你买的那一把琴比我的高档很多。那一天我开始怀疑，父母对我的人生到底有多重视，我认为自己的前途一下子渺茫了起来。多年之后，当在电影里看到麦兜向麦太要一台电脑，麦太却给他带回来一个电饭煲时，我深深理解麦兜的怅然忧伤。

但是，仍然要感谢我们的父母没有去揭穿那个，我们故意忽略的重要事实——从十五岁才开始吊儿郎当地学小提琴，其实已经晚了十二年。于是后来的那三年，从人民南到青泰里，才有了那两个孤单又骄傲的身影，影影绰绰，骄傲得有点荒唐。

最荒唐的还莫过于那个每次经过都要上前来搭讪的陌生小子，他总是故作熟悉地上前，然后满面堆笑地向我们打招呼：“嗨！又去弹小提琴啊？贝多芬哦！”你为什么不告诉他，小提琴是用“拉”的，而贝多芬是弹钢琴的呢？也许那时候，我们都只忙着骄傲了。

直到今天，我身上还有这种青春后遗症——越寂寞越骄傲。不同的只是，那时候为了满足骄傲，选择孤单，选择不与任何人类比；而现在，开始能够为发现“终其一生，不过都是一条孤独的路径”而感到骄傲。那时候再孤单，也还有你来见证，而现在，再骄傲也没有谁能欣赏了。多么残忍的人生。

这些年近乡总是情怯，尤其当你不在的时候。如果你在，你一定会明白那种无言，因为一切都已经改变，而人们却仍然把记忆停留在你离开之前，你没有办法将离开后的岁月一一铺陈，也懒得一再把离开前的日子绵绵复述，最后只能无言。如果你在，你一定不会追问，我也不必搪塞，我们只需要坐二十分钟的船回到“松涛”，在那个幽暗破败的咖啡厅，喝上一杯劣质的速溶咖啡，一切一切就都氤氲成了云烟。

忘了是哪一年开始的，我们每一年春节都会来到这间冷冷清清的咖啡厅。是十三岁吧，那个青春痘加青春肥的年纪，那时候还没有“小资”这个词。而当时代终于赶上了我们的步伐，我们就显得恶俗了。在二十二年前，我们可以放心地喝着咖啡，放心地做着幻梦，我们总是说：“等我长大了，我要……”忽然之间，我们就长大了，还来不及好好畅想一番。

记得那时候我们说如果有一天，我们有了两千块钱，就要从肇庆打出租车到广州买一包广州腊肠回来。那是我们能想到的最肆意、无聊的花钱方法，最奢华的幸福。后来的人们更有想法，他们说有了钱买豆浆要一次买两碗，喝一碗，倒一碗。

最后真的有了钱，你结婚，买房子，卖房子，又买第二套房子，你还救济没有钱的我，你结婚，离婚，又复婚，还一直照顾依然单身的我……我们却都知道，没有哪一辆出租车，能够载我们回到咖啡厅的那个角落了。当你偶尔觉得不够幸福时，希望能够想起，我们那包幸福的腊肠。

最后，送你半阕词，顺便告诉你，我爱你如昔：

二十年江湖常为客，

都付与风吹梦杳，

雨荒云隔。

昨夜重逢深院里，

一种温存由昔，

添多少周旋形迹。

祝好！

谈笑

2006年4月7日于北京

给自己的信

Dear Dorophy

无论你多爱、多依赖一个人，

多多小姐，请一定要保有你自己的人生——

你的朋友，你的爱好，你的技能，

甚至上天给予你的软弱与你的愚笨，也要好好惠存。

小指轻挑之微薄

在那边城一隅，我默默忏悔，

愿曾作誓愿能归于真实，若有虚伪之辞，则我永不能进入涅槃城。

阿霞：

我现在被滞留在一个叫作Birgumj的边陲小镇，还在印度的境内。不过不用担心，我是坐寺院的顺风车来的，同来的有好几辆大巴，大家都是来印度参加噶举辩经法会的学僧。

眼看前方就是尼泊尔的边境了，只要边境的铁栅门一开，我们就算离开了印度境内，然而门却一直关着。有人说是因为尼泊尔又发生了骚乱。你知道的，尼泊尔国王几年前才刚刚被推翻，破则破矣，立却未立，当地局势很不稳定，游行、罢工、骚乱还时有发生。可后来，又有从前方打听消息回来的人说，是因为有一辆车把人撞死了，引起了争端云云，总之，进退不得就是了。

你知道吗？当我还在焦急无措地望着看不到尽头的车队，一转身，随遇而安的小学僧们，已经在停车的地方附近，找到了一个小小的场地，踢起了足球。只见他们撩起僧裙的一角，穿过两腿之间，往腰上一绑，就把僧裙变成了一条宽腿短裤，满场飞奔了起来，仿佛这并不是一个被莫名滞留的异国他城，而是随缘扎营的安身之邦，照样可以嬉戏欢欣，无所谓短暂还是久长。我也被这种气氛安抚了，决定不再去忧虑那不可知的前方，于是走到场地边的一棵大树下坐下，一边等待吃了各种印度街头小吃的肚子随时险情爆发，一边和小僧人康杰聊天。

康杰今年二十岁，是普拉哈利辩经院的三年级学僧，还需要九年的学习，康杰才能够从辩经院毕业，之后就要开始为期三年零三个月的闭关修行，才能算是一名学、修圆满的僧侣。

康杰告诉我，以前他和同学们每到休息日也会在一起踢足球，后来学院的堪布（相当于大学里的教授）对他们说："你们这样跑来跑去的，会把地上众生的腰踩断的。"从那时候起，辩经院的休息日就改成了集体看电视。真的是一群慈悲又听话的好孩子！我们像他们这么大的时候，心里大概只有一个大大的自己吧，哪里有考虑过那些小小的众生。

如果你仔细留意康杰的小手指，还会发现上面留着很好看的小指甲。康杰问我："为什么没有留一点指甲？"我反问："留来干什么？"他说："用来救众生啊。"还一边示范着动作一边向我解释道："你看，要是小虫子掉到水里了，你这样用手去捏，它会死掉的，如果用指甲去挑呢，就能安全地把它救出来了。"我说："啊，原来是这样，我还以为是用来抠鼻屎的呢！"康杰吓得摆手又摇头。我接着问："这也是堪布跟你们说的吗？""不是，这是我自己想出来的，呵呵！"他露出了得意的笑容，似乎只要能够帮助众生，无论多少，无论大小，都是他为之自豪、为之珍视的成就。

我还在出神，康杰已经把我的MP3拿过去听起了周杰伦，我则在一边自惭形秽了起来，同样是每天发着菩提心，我妄想的是要救无量无边的六道众生，却从来没有关心过身边的、脚下的众生。而像康杰一样的那些十几二十岁，处于叛逆年纪的年轻学僧们，却为了小小的、命如草头露的众生，都愿意放弃自己所热衷的爱好，我又何曾为其他众生放弃过任何东西呢？救渡众生，有时候只是小指轻挑之微薄，但即便是如此简单，我又何曾用心过？那些没有真实行动的大愿、宏愿，不过是装饰自我的弥天大谎罢了。

在那边城一隅，我默默忏悔，愿曾作誓愿能归于真实，若有虚伪之辞，则我永不能进入涅槃城。

阿霞，想起来给你写这封信，是因为你就是那个一直在我身边的众生啊，我要从你开始，学习好好地在乎每一个人，你要时时提醒着我才好！

爱你。

多多

2007年1月4日于印度与尼泊尔边境

给自己的信

Dear Dorophy

多多小姐，人家不要的，就不要给了呀；

人家不给的，就别再去要了吧。

茶以七分为敬，情留三分更浓。

只有你知道我的装疯卖傻

曾经那么努力地要去改变世界，

而现在，我们需要不断地彼此鼓励，才能不让世界改变自己。

郭一：

屁屁啊，我最近大概躁郁症又复发了，每天都在想着一些不着四六的问题，可就是停不下来啊。

科学家说，全球的石油，只够人类开采几十年的了；他们又说，每天都有上百个物种在地球上消失，很可能几十年后所有的物种都会灭绝；他们还说，北极的冰川很快就会全部融化……

我们到底还有多少时间？当然，我们已经轮回了很久而且还要继续轮回很久，可是，我们还有多少时间可以继续居住在这个蓝色的美丽星球，为出离轮回而努力呢？有时候我会很悲观地想，地球是根本无法拯救的，我可以不买车，我可以不吃肉，我可以不用塑料袋，但是人类可以放弃工业吗？可以停止砍伐吗？可以减少消费吗？人类甚至连放慢那全速奔向破败的速度都不愿意。

就算我可以闭起眼睛对地球继续保持乐观，可是无常不是每天都在每一个人身上发生着吗？男子还来不及说爱你，姑娘已经老去；承诺还来不及实现，我们已经开始食言；不是“人面不知何处去”就是“城头变幻大王旗”，我们甚至都来不及认识我们自己，更何况认识这个世界呢？

如果拯救地球已经来不及，那么还有什么是来得及的呢？屁屁啊，如果你根本不寄希望于来世，你愿意为现在的自己做些什么呢？在我们总想着披上斗篷，将红内裤穿在外面当超人的那个年纪，曾经那么努力地要去改变世界，而现在，我们需要不断地彼此鼓励，才能不让世界改变自己。最近我发现，我身边的人都因为我的不疯狂而变得抓狂了呢！他们觉得，当我失业的时候，一定要魂不守舍、怨天尤人，否则我就是个胸无大志的人，他们就要因此抓狂；他们觉得，当我没钱的时候，一定要处心积虑、惶惶不安，否则我就是个不思进取的人，他们又要因此抓狂；他们觉得，当我单身的时候，一定要求爱若渴、患得患失，否则我就是个不负责任的人；当我老去的时候，一定要悲苦难当、慌慌张张，否则我就是个没有思想的人……总之，在这个疯狂的世界坚持做一个清醒的人，需要莫大的勇气。屁屁啊，我既不愿意疯狂，也没有足够的勇气，看来只好装疯卖傻了！

常常我会怀念睡在你上铺的日子，怀念你对我毫不留情的嘲笑与戳穿，我们总是大笑着将自己看得很轻，怀念那些轻得随时可以起舞的日子。想到这些，感觉我的躁郁症稍微缓解了一些，还是爱你。

多多

2008年7月29日于北京

不问前程的心之所向

所有的不加打扰，也许就是为了这份盲目的坚信。

亲爱的止若：

刚才看到了你新贴出的博文《治多草原扎曲河畔》，见你在情情景景之中回旋，在爱与舍之间游离，一时真切，一时疏远，不由得感慨起来，也想要写下一些什么——也许只有同样是真正爱过的人才知道，这样的又勇敢又谨慎，又执拗又天真，才是爱的本来面目。

我也曾经爱上过一个人，如同爱上了佛前的青莲，徘徊再三，不敢拾取——那是属于佛的美好啊，那是属于天地的自然，我凭什么上前？但凡喜欢的都想要得到，然而当真正爱上的时候，那人倒成了绝世的风景，只能远远远远地看着，欣赏着。有时候你会想要融入其中，浏览周遍，甚至愿意偶尔成为风景的一个部分、一个角落、一个片段；但你绝不会妄想，让他成为你的一部分——你的爱让他变得无边博大，变得不可沾染，而你自己倒成了局外人。

人们会说："你要勇敢一点！"

然而这根本无关勇气啊！甚至根本和他是不是真的美好若此无关。他的美好，是我所赋予的，在别人眼里或者他自己的眼里，也许不过拙如芥子。不知道什么因缘业力，偏偏我看出了他的好，不知道什么因缘业力，偏偏我珍视美好的方式就是不加打扰。这没有什么可惋惜的，爱的初衷，就是要在一些人心中留下一些美好，不是吗？任何时候，爱都不应该成为一股逼迫的力量。我的一个好朋友，有一天跟我说："最牛的收藏家对自己最珍贵的藏品是不会拿出来鉴定真伪的，他坚信那是举世无双的珍品，直到最后死去。即便死后被人鉴定为假货，那又何妨呢？"然后他又说："你每次默默喜欢一个人又不肯说出来的时候就是这副德行。"呵，也许吧，所有的不加打扰，也许就是为了这份盲目的坚信。

人们也许又会说："这样的爱太一厢情愿了！"

可是爱什么时候不是一厢情愿的呢？爱首先就是一场我自己身体里面的秘密化学反应，不是吗？很多时候，我们只是爱上了爱情本身，爱上了去爱的感觉。所以当爱情消失，与你不爱我相比，原来，我不再爱你更让我感到难过。相较之下缔结婚姻倒是更容易的一件事吧，那是一种协商，一种合作，一种只要符合规则就可以继续运作的人类社会活动。而爱呢，像一场巫事。我想起在你写的《女巫之歌》里，你说："当你没有追随你生命中的那首歌，就会令你的精神生命产生某种萎缩甚至死亡。"这就是了，一生之中，我们起码需要一次这种一厢情愿的勇气，一种无须他人配合也能去爱的意愿，一种不卜、不算、不问前程的心之所向。

真高兴认识你，止若，你是当年第一个读到我那一首诗却没有简单地相信那是仓央嘉措的作品，坚持要把我找出来的陌生人。相信你也是像我在你的文章里读到了自己一般，在我的诗歌里读到了你自己吧？所以才会那样渴望找到，平行宇宙中的另一个你。

我们都是幸运的，请保重好自己！

多多

2009年9月16日于济南

那触手可及的幸福

我们不要与爱情无关的婚姻，我们不要演给别人看的幸福。

Rosanne师妹：

那天你跟我说，你的妈妈正在竭尽全力制止你吃素，理由是没有人会娶一个吃素的女人；而且还制止你去西藏，理由是学佛学深了就会放弃结婚的打算。

你说羡慕我的家人这么开明，我想说，你错了。我的外婆至今坚信没有人会愿意娶一个吃素的女人，所以当我第一次告诉她，我开始吃素了，她才会那么的绝望。而我的母亲，每一年在我去印度之前，都要和我争论一番，一有机会就会跟我说，那个什么伏藏师，还有那个什么瑜伽士，他们都是可以结婚的……

然而，这些都还不是最糟糕的，除了家人的不理解之外，还有外人的误解——你们这些去学佛的人，都是因为感情的失败，生活的失意。佛法的殿堂成了他们眼中的伤心人俱乐部。

跟你一样啊，在这些时候，我也会很无语，纵然自己心中有足够的理由，却始终没有办法找到可以跟他们沟通的共许。因为婚姻在妈妈以及妈妈的妈妈心目中，有着根深蒂固的重要性，而与此同时，妈妈和妈妈的妈妈都忘记了获得幸福才是走进婚姻的目的。

当然幸福没有标准答案，但是我们保持着单身，用青春换来的智慧，不就是用来参透关于幸福的谜题吗？我们也许一直在错，一直在错，但是时至今日，即使仍然不清楚什么是我们想要的幸福，起码用排除法，也能比较准确地总结出什么是我们不要的痛苦。其中一项就是，我们不要与爱情无关的婚姻，我们不要演给别人看的幸福。

我们用了这些年的独立，才学会了如何让自己完整起来、快乐起来，成为一个健全的、有能力给予真爱的人。为什么人们要在这时候跳出来粗暴地否认——不，你们必须要嫁人，否则你们永远是不完整的、残缺的、没有独立生活能力的，你们不可能幸福！但是请问，如果我们真的如您所说般残缺，又有谁会愿意去娶一个精神上的“残疾人”？你们凭什么要求一个人以他博大的胸怀、仁爱的情怀从天而降，把一个根本没有能力让自己幸福起来的可怜女人娶回家呢？就像银行只会贷款给有钱人，真爱也只会降临于不缺爱的人，不是吗？

用了这些年的修炼，我们才学会了倾听自己的声音，接纳自己，宠爱自己，引领自己，我们学会了把爱情、婚姻当成奢侈品——有固然好，没有也能活。所以我们活出了更大的自由，把自己活成了值得被珍爱的奢侈品。人们却试图通过打击我们的自信，驱逐我们去苦苦找寻所谓的依靠。我们不被允许，在单身的时候依旧坦然，甚至竟然快活！他们最想看到的是，一提到爱情，我们就应该如饿鬼道现前，饥渴难耐，肝肠寸断。这样，在他们看来，才是对家族的负责任。

所以师妹啊，有时候我们需要很坚强，才能守护自己的柔软心地；有时候我们需要很绝情，才能坚守自己真正想要的爱情。请一定相信，你是最好的，无论有没有人驾着七色彩云来娶你；请一定坚持，你要找那个对的人，找一种正确的生活，无论他们怎么教育你，呵斥你，恐吓你。

我是多么担心，你会放弃那明明触手可及的幸福啊。

多多

2009年4月26日于北京

人有人的天命，神有神的慈恩

我们手捧着各处寻来的“答案”，试图找出那个“问题”所在。

然而，怎么“答案”全都不错，“问题”却总也找不对呢？

大叉：

今天突然想起了你，想起了家乡的那条河，那个岸边，那曾是两个惨绿少年的寂寞天涯。

记得我俩常常在下午逃课，骑车来到河边，不为厌学，也不为玩耍，就是想远离人群静静地待着，看过往的船只从不知名的地方来，又向不知名的地方去，像极了这毫无头绪的人生。看那江面的另一端，只听闻，却未到过的对岸，又像极了那跃跃奔赴的前程——那是怎样的两个十四岁少女，忧伤又勇敢着，孤单也幸福着。

待到高中毕业，离家求学，继而求职，我们便再也没有机会流连在任何一条河岸了，带着自以为了达、自以为坚定的答案，随波逐流，滚滚而去。记得刚刚离开大学校园时，全身心只想着如何尽快地在社会上立足，那时候的你也是刚刚到了陌生的瑞士吧，“我是谁？我要的是什么？什么最适合我？”这些问题，显得既不合时宜，又装腔作势，眼下最要紧的是“我住哪？我这个月能挣多少？什么时候提拔我？”再也不能像我们坐在江边看云、看风、看虚无的那个时候，你已经长大成人，现实迫在眉睫。

直到一年年过去，曾经一心认为必须要寻求的那些，一点一点被得到，我却不得不面对另一个日益明显的事实——我不快乐。环顾四周，身边的人们也大多不快乐，我知道你在他乡，更是苦不堪言。我们既赚钱，也捐钱；我们既进修，也灵修；我们既儒又释；我们既佛又道。我们手捧着各处寻来的“答案”，试图找出那个“问题”所在。然而，怎么“答案”全都不错，“问题”却总也找不对呢？

欲望之流并没有把我引领到更为空阔的境地，反而日趋蝇营狗苟，四顾茫然。渴望回到那个独自扣问，深观源底的少年时光。

大叉，你知道吗，给你写信的此刻我正在另一条河的岸边——这里有苦难的现实与狂喜的心灵，有千方百计赚钱的掮客，也有着一无所求的圣徒。这里的穷人死后买不起火葬的木料，便只好完尸推入河中，但无论是穷人的肉身，还是富人的灰烬，人们都深信，只要他们接受了圣河的涤荡，终将重生于同一个天堂。一切问题，人间的归于人间，诸神的归于诸神，人有人的天命，神有神的慈恩——这里是恒河圣城瓦拉纳西。

这个城市表面上混乱而无序，但是如果你能在此久住一些时日，就会渐渐发现一种井然不错乱的秩序——精神与现实并不会彼此妨碍，更不能相互替代，这里的人们不会被极乐的来生所迷醉而放弃辛劳，也不会被困顿的现实所拖累而无力祈祷。

而我们呢？生活在现代又现实的有序社会里的我们呢？有的人，倾向于将不快乐“形而上化”——总是换工作，会被归结为“本来无常”，而不是自身能力不足；生活很穷困，会以此标榜“不功利、有出离心”，而不是着手改善；没有朋友，会作为“众人皆醉我独醒”的佐证，而绝不会承认是自己性格有缺陷。有的人，则倾向于将不快乐“形而下化”——缺乏安全感，隐隐感到一切终究是不确定的，会认为一定是因为钱还不够多；缺乏自我价值认同，不清楚自己存在的意义，会怪罪于糟糕的市场环境与社会现状；深深的焦虑感，明明察觉到了内心长期的压抑，却会总结为只是因为很久没有假期。

人们之所以一直追求快乐，却找不对快乐的方法，会不会是错位对治所致？形而上的认识，解决不了形而下的问题——无论我们多么相信无常，也无须刻意放弃安定；无论我们多么标榜出离，也不可逃避精进，无论我们有多么清醒，也不必嘲笑他人的昏昧不明。同样的，形而下的经营，转移不了形而上的忧虑——再多的钱也买不了“永恒不变”和“绝对安全”；再健全的社会制度和市场秩序，也不能替你决定，你应该拥有怎样的未来；再美好浪漫的假期，也不应该分散你思考生命价值的觉心。物质基础决定上层建筑，但是物质基础始终不能代替上层建筑。

是不是我们其实一直试图用祈祷来解决吃饭的问题，用吃饭来解决心灵的问题？
是不是自我太过高明，所以总在凡与圣之间游离辗转？
是不是我们太过精明，所以反而顾此失彼，一无所获？

也许你会像过去一样，微笑着告诉我：“傻瓜，世上根本没有标准答案。”但我依旧感恩那些奔流的大河，以及逐流的日子；我也感恩那些许我驻足或呆坐的河岸，以及困顿与裹足的时刻。它们是我生命中的云帆，也是我终要越过的沧海。我感恩你的见证。

祝你在大海的另一岸，一切安好！

小叉

2011年2月11日于印度瓦拉纳西

走向自己的深处

我们越是勇敢而诚恳地，坚持走向自己的深处，

我们越能回到一切人的所来之处，照见那个等无差别的本来面目。

Dear Andy：

你知道吗？在即将再次离开北京，继续出发之前，我用了多年的电脑硬盘坏掉了，所有的资料都没有存档，朋友说每修复1G的资料，就要收费1000元，修复一个500G硬盘的钱，够我在老家再买一间小房子的了，干脆算了吧！

这几天一直在努力回忆硬盘里都有些什么，盘点着我的损失，也盘点着我的回忆。这个时候才发现，自己把所有鸡零狗碎的日子通通扔给了电脑硬盘，而不是大脑的记忆体——细碎的念头写成了诗歌，冗长的思绪编成了文章，所到之处摄成了照片，如果这个世界

上没有了电脑，日子将会被谁铭记？

甚至在硬盘坏了以后，我开始深深地怀疑，我是不是真的那样子活过？岁月没有立此存照，而那些见证者也早已远去，1996年的我，需要1996年的他来证明，而他，又是否有迹可循？

于是，电脑硬盘的莫名坏掉，把所有的过去变得像一场大虚妄，据说有过的那些喜怒哀恸，大概也都不堪认取了吧。比远山还要隐忍，比秋云还要稀薄，我又何必再追问。如果在当时，在事情发生的当下，就能够知道，一切都会在下一个瞬间变成虚妄，我们会不会不再计较，会不会更快乐些？我想会的。

就这样，将一切归零，轻身回到这个位于北印度的山城小镇，坐在同一个窗前，对着同一片山岭，提笔撰写本月的专栏。你总是说我是几位专栏作家里最靠谱的，从来不用你催稿，总是第一个发来邮件。但其实我也并不是提笔就来的写作机器，通常离交稿日还有十五天，就会开始焦虑。

说来奇怪，在成为杂志的专栏作家之前，每月写下的文字岂止这一两千？可当被要求定期写作，定期将种种见闻、种种感触公之于众时，却变得搜肠刮肚，捉襟见肘了。这大抵再次确认了，我真不是一个好作家，缺乏职业创作力。而我，其实亦更宁愿仅仅成为一名

"生活家"，好好活，活明白，就好。

一直以来，我只是把写作当成一种自我认识与自我排遣的方式。越是迷惑仓皇之时，越是困顿无措之际，越是愤懑不平之中，越是能在写作中得到指引与慰藉。也许正因为如此，每每读到我的文字，人们多感到鼓励与安慰。但其实，那最有力的话语，正出自我最脆弱之时，那些文字，不过是用了最后一点气力，从内心分裂出的另一个自己，俯身给予自己一个拥抱罢了。我的文字便因了这分裂而有了几分疏离与清醒，不见得多远见超群，只仅仅是多走出去一小步，而这一小步，足以回身牵引那个沉溺的自己踉跄前行。

所以，我的文字应当是即时而当下的，应当是个人而隐私的，应当是仅存于硬盘又突然会被彻底格式化的，应当如是，无可执持！

只是因缘错乱，竟被邀作了"专栏作家"，怀着对这个光鲜头衔的小好奇，以及对自己写作能力的小试探，我没有推却这突如其来的邀约。只是，我当为谁而书写呢？为自己？未免絮絮叨叨又不明所以。为他人？我又哪里有能耐使得字字应心，句句在理啊。

于是踌躇着，书写着，同时聆听着，审视着，不觉已写了大半年有余。直到回到这个深秋的山谷，和来来往往的各国朝圣者生活在一起，比以往的任何一次都更为深入，更为开放，这时方才渐渐体会到“越个人，越共鸣”的道理。

我们来自不同的族群，有着不同的文化背景及成长经历，背负着不同的心灵创伤与灵魂缺陷，拥有着各自的才华与潜能，最终在这个雪山下的宗教圣地相会，成为同道与同修，经年累月只是为了一个目的——从无明迷惑中幡然醒来。当然，这是一个比一生还要漫长的过程，曲折而艰辛。

只是，在林林总总的外相之下，有一点值得我去信仰的就是，我们越是勇敢而诚恳地坚持走向自己的深处，我们越能回到一切人的所来之处，照见那个等无差别的本来面目。在这个深秋，我就是这般无由来地深信，我们来自同一个地方，亦去往同一个地方，所有的误会，都是因为我们自己和自己的失散。

于是，我在这一洞见中获得了书写的自由——不再计较读者到底是谁，是我自己还是你，只要我对自己足够坦诚，对世界足够真诚，你就算是对我的文章不认同，也一定会报以尊重，予以倾听，我像相信自己一样相信你。我也不再关心每篇文章是否意义重大，只要我不失去道路，不停止脚步，每一次的思考，哪怕是引发更多迷思的思考，都意义非凡，都是漫漫寻道途中，不可或缺的一步。

也许，宇宙之中，有着一个更为强大而不会坏失的“硬盘”，存储着我们的每一个心念，每一分努力，我们在其中互映、互摄，你中有我，我中有你，我若不欺诳，你便无谄曲，我若朝着实相前进一点，你便同样走向了更真。

如是，书写便不再如过往那般虚妄了，你我在这读写之间，缔结因缘，字字欢欣。

放心吧，我会准时交稿的！

多多

2012年10月3日于印度喜玛雀

人山人海，相见离开

爱，不是你控制对方的理由，

爱，是你改变自己的动力。

姜静：

我来到菩提伽耶已经快两个月，和往年相比，今年大概是在此地逗留得最长的一次了。你以前总是问我，为什么要一次次反复地前来这个地方，那是因为菩提伽耶对于我们佛教徒意义非凡——

两千五百多年前，摩伽陀国的释迦族王子乔答摩·悉达多，被生、老、病、死的生命现象所触动，引发了对生命本质的反思，由此深切体会到了繁华欲乐的短暂与虚幻。悉达多王子二十九岁那年，毅然选择了出家，这是对他以往生活的彻底告别，他放弃了王位，放弃了家庭，放弃了世人梦寐以求的奢华享受，开始了一无所有的修道生涯。

悉达多出家后，遍访当时印度各个门派的修道者，历经了六年苦行，种种磨难，但最终因为发现这些修行方法，都非究竟的解脱之道，而放弃了极端的苦行。悉达多沿着尼连禅河逆流而上，最后来到了位于菩提伽耶的一棵毕钵罗树下，跏趺而坐，寂然不动，他开始真正地逆溯生命轮回之河流。

悉达多以禅定之力，深观生命的缘起，直探源底，找到了轮回的源头——无明。当悉达多冲破了无明惑障，以谛实之语宣布："一切众生皆具如来智慧德相，因妄想执着不能证得。"他是在向宇宙苍生宣告，他发现了生命潜在的觉悟本质，一切众生都拥有解脱的力量。悉达多因此被世人尊称为觉悟者——佛陀。而曾给予悉达多庇荫的毕钵罗树从此被称为"菩提树"，即"觉树"之意。

在佛陀成正觉后约两百五十年左右，孔雀王朝的君主阿育王来此朝圣，于菩提树旁建了一座塔寺，名为正觉塔。正觉大塔亦经历了几番兴废，相传12世纪末，印度的回教势力兴盛，对其他宗教多加迫害，宗教场所也被破坏无遗。菩提迦耶的正觉大塔原本也无法逃过这一劫，当时的佛教徒为了保护大塔不被破坏，聚集了所有能找到的人，搬沙运土，在一夜之间，用土石将整座大塔掩埋起来，变成一个大土丘。直到1881年，考古学家康林罕根据《大唐西域记》的记载，重新挖掘，才使得大塔重见天日，震惊世界。

如今的正觉大塔禅修园修葺一新，绿树与塔林相映，在主塔身之外有三重外围，每一重都是可以围绕大塔行禅的步道，越是内围，则越是拥挤，若是在不炎热的冬季，这里甚至可算是接踵摩肩了。

但我仍喜欢每日来到正觉塔下转绕，喜欢听各国信徒用不同的语言诵经，梵文、巴利文、藏文、中文、泰文、日文、越南文……我也喜欢接触来自不同佛法传统的修行人，上座部、大乘、金刚乘、出家僧侣、在家居士、游方的瑜伽士……当这些曾经被贴上不同名词标签的人们，一个个活生生地、可知可见地就在你身边，当他们由抽象的、带着评判的概念，变成了具体而真实的存在时，你会开始了解彼此之间的不同，而这些不同又是那么平等，因为这里是所有朝圣者的异乡，人潮之中你不再属于任何一个主流，你没有可以执持的标准，你不站在任何一个既定立场上评价他人。

这种异乡之感，这种“少数派”立场，反而开启了我的孩童之心——全然接受，没有评判，人山人海，相见离开。

短暂的离乡，来到佛陀告别轮回的这个地方，对我们来说，也是一种对以往生活的短暂告别。很多人选择以朝圣的方式去探寻内心，或者修行，我猜想，因为朝圣是一个很外在的出离过程。在我们熟悉的环境里，真正的自我会被朋友、家人、社会的价值体系、自身所承担的社会角色等所压抑，甚至淹没。当我们置身于一个陌生的圣地，当我们远离了熟悉的环境、语言、社会形态、人际关系，我们不再被过往的一切束缚，就有一个机会为自己松绑，有机会瞥见自己真正的需要。若能从外在的出离带来内心的出离，那就达成了真正的朝圣。否则朝圣就仅仅是旅游观光、猎奇，甚至只是宗教狂热罢了。

如果能够以这样的角度去看待朝圣，那么能不能去朝圣反而不重要了。在日常生活中，只要我们能明白出离的本质，就依然可以“出离”坚固的自我及价值体系。就算哪儿也不去，我们仍然可以试着在心里创造一点空间，远离外在世界贸然加诸于我们的标签与要求，放下这些外在的参考点，努力生发出足够的勇气和意愿去反观自我，聆听内在的声音。这样，我们便已经是这世间的行者了。

所以我深刻地知道，唯有将这“孩童之心”带入整个生活，从异乡带回原乡，方才是每一次朝圣的真正意义所在。

很多次，我都在正觉塔下祈愿，愿我能够在对待亲友、眷属的时候，有着对待陌生人一般的宽容——理解他们因不同的生活经历而拥有不同的生命品质，容许他们因各自的因缘习气而有着不同的性情喜好。

很多次，我都在心里提醒自己，不要因为我和生活里的有缘人之间存在的亲疏关系，而忘记其实对方始终是一个需要一直被尊重的独立生命体。

很多次，我都默默告诫自己，爱，不是你控制对方的理由，爱，是你改变自己的动力。

若能有更为广阔的时空观念，我就应该知道，那穿行于我生命中的每一个众生，我们都曾在宿世之中，彼此相属，但从未能天长地久，再深的执念，如今都只是一份隔世宿缘罢了。

在这个地方，我写下过一首诗：

我的父亲母亲

我的孩子

请让我也这样唤你：

我的爱人

我的爱很少很羞涩

只够在日出之前说唯一的一遍

我的爱也生疏

还没有被岁月验证过呢

幸好

我们的生命也不长

短到可以一再地相遇

一再地遗忘

但愿以这冷峻的清醒，承载我更为深广、不加占有、无所期许的爱。也但愿你，早日具足勇气，爱他人，爱自己。

多多

2012年1月26日于印度菩提迦耶

原乡与边疆

直到岁月期期艾艾流过，你幡然发觉，

你就是你的故乡，你也是你要征战的边疆。

龚琨:

离上次给你写信，已经有十多年了吧，记得大学的时候，总给你写信，也不管你爱不爱听，听不听得懂，反正当我需要一个沉默的倾听者时，总会第一个想到你。当日四岁的你，认识了两岁的我，也许那时候就已经注定，你要去当我半生岁月的见证者了。

此时此刻，我在清迈，你在哪里呢?

你知道吗，那天当我一走出曼谷机场，潮热的空气就裹着一股熟悉的南粤气息扑面而来。城市中各异的绿植，我能一一辨认，说出它们的名字来，甚至相应地记得，曾在家乡的哪个街头见过一样的婆娑。当时流连在曼谷的市井，竟还发现了我们广东人爱吃的云吞面、皮蛋粥、消暑润喉用的罗汉果凉茶……就连街角小推车上卖着的醋渍酸芒果、酸木瓜、酸余甘子，都是外婆当年为聊补进项，在屋前支摊贩卖的那些腌果的滋味。我这远游的离人，竟在异乡唤醒了唯一思乡的味蕾。

何故说“味蕾”是“唯一思乡”的所在？只因这般地在异乡与异乡之间辗转，已是我离开故乡近十六年来的惯常状态，再过两年，故乡与异乡，便在我生命中年岁一样，分量相当了。“流浪得太久太久了，琴、剑和贞洁都沾满了尘沙”，诗人周梦蝶说。

你以为那些尘沙，便是你这无根之花所有的养分，你只好风尘仆仆一路行去。直到岁月期期艾艾地流过，你幡然发觉，你就是你的故乡，你也是你要征战的边疆；你一直要走出的，是你自己的重围，你一直要回归的，也只是你自己的府邸。

我们自始至终，承载着所有祖先的愿力与原乡的业力。这愿力是生命的延伸与超越，是肉身的繁衍与精神的自由；这业力则是心性的基础也是桎梏，是价值观的成因与习气的根源。在同类之中，个体汇入群体的洪流，难以自觉个体的价值与缺陷。行走异邦，与人相识、相处、相磨炼，才得以将自己从家、国的共业中异化出来，重新审视个体与群体的关系，重新观照根深蒂固的观念之中，哪些是普世价值，哪些只是群体习性。而这观照本身，便是生命的愿力，是进化的动因；这观照本身，也是业力的突破口，是改变的契机所在。

例如在异乡，在与不同文化背景的人们交往的过程中，我发现了，有一种人际关系是，关心而不干涉；有一种意见表述是，评价但不批评；有一种价值观念是，分享但不灌输；有一种坦诚是，敢于要求但不介意被拒绝；有一种尊重是，敢于直接拒绝但不会粗鲁无礼；有一种自信是，敢于表达自己并鼓励他人表达自己。反观我自己，原来过往对于人际交往中的亲疏之度，是如此疏忽而任性，不是过分以自我为中心，干预他人，便是过分拘谨，压抑自身。这就是我要觉知的，我的自身局限，这才是我要远它而去的“旧城邦”。

若不是带着觉知去行走，那么无论是多少次的出发，无论走得多远，都只是徒增颠沛的轮回罢了，未必带来新生。

但改变总是痛苦的，至少是不适的。很多次，我以“这是我们的文化”为借口，对抗改变，试图让他人接受“在中国，这些都是很正常的”。直到我在印度的街头，与一个德国人大吵一架之后发现，在异乡，没有什么“文化”在为你撑腰，你是一个仅代表你自己的个体，是你自己选择了“文化”大概念中你所倾向的那小部分，而不是文化在指使你；而且，没有人有义务理解你身上独有的文化，除非它符合普世价值。这也是离乡的意义之一——你必须学会担当，为你自己的价值取向。

若不是带着担当去行走，则行走并不是真正的出离与超越，而不过是一种推诿，一种划清界限，一种事不关己的逃避罢了。

只有看得清楚这些，我的离乡、去国，方才不枉然。

你看，不知不觉，话题又扯远了，又不管你爱不爱听，自顾自说了起来！不是明明在说思乡的味蕾的吗，怎么说到离乡的意味来了？打住！打住！还是相约到那鸡蛋花树下的档口仔，要上一碗斋米粉，再配一碗艇仔粥吧！

谈笑

2013年1月16日于泰国清迈

语句及辞章，其实都是尸骸

每一句诗，都应该是对当下自心最真实的捕捉，

而一旦被捕获，便心、境俱亡，无可执持。

亲爱的喜：

听说你要出自己的诗集了，为你高兴。不过，你让我给你提提意见，很抱歉，这个我做不到。并不是不愿意，而是我一向认为，诗歌是不可以被他人所点评与修改的，而诗人是不应该听取他人关于他的诗的意见的。

最近我甚至这样认为，真正的诗人，是壮烈而悲悯的。

壮烈是因为，每一句诗，都应该是对当下自心最真实的捕捉，而一旦被捕获，便心、境俱亡，无可执持。所以写诗，是一个观心、灭

心的过程，而那些语句及辞章，其实都是尸骸。

而诗人又是悲悯的，他一次次死，一次次留下尸骸，以告诉世人，一切唯心所显，而心，刹那无常。所有的爱之中，最大的爱，是示以实相，诗人致力于此。

不管诗歌处于哪个时代，不管诗歌能够在多大程度上影响时代，无论诗歌的形式是浪漫，或者抽象，或者朦胧，或者晦涩，诗人本身是清醒而富有觉性的，诗歌应该首先是诗人对自身的探索，那是唯一的冒险之地，也是唯一值得穷未来际、直探源底的地方。

当然，诗的读者，也应该有着同样的倔强，通过一首诗的触碰，开启凝视自己的目光，你读到的一切，都是你的，与诗人无关。

祝一切，顺其自然。

多多

2013年4月13日于柬埔寨暹粒

给自己的信

Dear Dorophy

每日为你在佛前奉花，多多小姐，

愿你成为这世间爱与美之源，

愿你易感而坚韧，知性又圆柔，

愿你越尘、涉水、驭风，度一切苦厄。

一切人始终会走向同一个方向

所谓精神修持的道路，完全就是一条心迹，就是心性的展现与变化的痕迹。

所以没有任何一条路是弯路，也没有任何一个人可以走捷径。

亲爱的文竹：

我还在尼泊尔的加德满都，和往常一样，住在满愿大塔的附近。每天一个人绕塔的时候，我总是想象，人们经年累月地转绕，大概会在大塔的四周形成一股善的漩涡，终有一天，我们将摆脱沉重的肉身，直上云天吧。对了，绕塔的时候我还看到了一个人。

连续几天看到他，在这个世界著名的佛塔之下，在汹涌的绕塔、礼佛的人潮之中，手捧《圣经》，对过往的人们宣说通往天堂的秘径与主的慈恩，他是一位年老的西方传教士。第一天，还有一群年轻人对他围观，然后散去。后来的几天，便连围观的人也没有了，他一个人表情严肃、姿态端庄地在穿行不止的人流中发表着演讲。我在他身后不远处悄悄站着，听不清他的布道之语，但我深深觉得他是可敬、可爱的。

对于林林总总的道路，甚至歧途，我越来越能够接受它们存在的必要性了，对于“步入歧途”的人，我也渐渐没有要愤然“拯救”之的正义感了。如果需要为过去很长一段时间的修行作总结的话，我觉得这就是我的成果。

首先我不再试图证明自己所选的这条道路的正确性。越来越清楚地知道，这一条法道，并非自己“选择”的结果——我又哪有这般的智慧做出决断啊。如今的道路，何尝不是当初，生生世世以来，一次次寻找，一次次经历，一次次进出歧途，方才得遇？越是回顾自己，越不敢评判他人，越是超越过去，越是感激过去。

甚至“道路的正确性”本身，也是一个假命题，道路何以能够独立于人而存在呢？尤其说到精神修持的道路，从来不是人在这里，路在那里的问题，而是选择走上这条或者那条路的问题。所谓精神修持的道路，完全就是一条心迹，就是心性的展现与变化的痕迹。所以没有任何一条路是弯路，也没有任何一个人可以走捷径。

曾经，我也跟你提到过的，对贸然跳出来指手画脚或者“谆谆教诲”的人，深感厌恶，心里抱怨：“就算你觉得别人都境界太低，可你有什么必要对他人拔苗助长呢？每个人都自有他的节奏，都自有其天命。”现在明白，他也有他的路要走，走到这一步的他，呈现出这样的面貌和姿态，也是我无法干涉，不应对抗，更无法逼迫其去超越的。不知道是因为孤独还是因为孤傲，我们都曾经是横加干预者，以令人屈服来寻求认同。如今我退回了自己的道路，悠然前行，要降服的只有自我，没有他人。于是我收敛我的眼神，只沉默地祝福。凡是我能领悟的，我要相信，他人也定可领悟，最终我们一定可以再度并肩前行。

此外我懂得，人人都是自身价值观的传教士，我们的整个一生，我们所表达的言论、态度，我们所做的每一个抉择，我们所展现出来的生命状态，都是一种传播与布道，都或多或少，或好或坏地影响着周遭。

每个人充其量，只能够去做他们自己认为对的事，这是现实里的无妄之道。倘若每个人都真的，去做了自己认为对的事，这也定然是勇敢的无欺之行。即使你的“对”，与我的“对”，无法共识，从不一致，也完全不必互相争斗，彼此嫌憎，“一心一世界”，这正是无自性之虚妄世界的真相。

所以，如果一个人能坚持表达自己探索、体验、实证过的相对真理，他是可敬的，纵然没有一个追随者，这表达本身已是一种对真理的虔诚。追求真理的热诚，终究会引领一个人不断靠近乃至到达究竟真理。我不敢再轻易否定任何人事，任何一段经历都是“加行”，或者“加行的加行”。因为有了这份接纳，当我再看世间，竟无一个可笑之人——从一个足够高远的维度看去，一切人始终会走向同一个方向。

五年前，在佛陀第一次传法布道的鹿野苑，我曾问上师：“什么是生起菩提心的征兆？”他说：“毫无造作地、如本能一般地相信，每一个众生终会成觉。”

五年之后，在加德满都，在佛塔下的西方传教士身后，我才刚刚开始懂得上师的话。

把这份小懂得写下来，寄给你。因为你是唯一一个一路见证着我从寻找上师开始，直到如今的人。

祝善妙吉祥!

多多

2013年4月25日于加德满都

给自己的信

Dear Dorophy

年轻的时候觉得，爱要像一眼泉，若非源源不绝的涌动，便是死亡。

如今觉得，爱也可以是一汪潭，你若投石浅水，我便作答，你若临水独立，我亦不扰。

做一个精神病康复者

我只想做一个精神病康复者，给其他的精神病人看。

国辰：

今日读稿，读到你组稿的那篇，一位文学系教授，同时也是诗人，与一位作家的对话稿。我想，这对我来说是具有重大历史意义的一天。而这一天，与2010年的那个2月，在尼泊尔南摩布达，度母殿里的某一天，是遥相呼应的，我隐隐觉得它们共同决定了我未来很长一段时间的方向。

这是一篇我第一次读到的，专业诗人谈诗歌的文章，而且是真正的诗人，不是自诩的，或者像我这样业余的草根诗人。这篇文章给了我一个很确凿的否定——我知道，我永远也读不完文章中罗列的那一长串作家的书，我永远也不会如此地把诗歌当作一生抱负，我永远也不会进入诗人所欣赏的诗人名单，我永远也不会成为我自己所赞叹的那种真正的知识分子。但与此同时，又有一个答案渐渐明晰了起来，它肯定了我内在的愿景与真正的价值。

它对我说："你对于寻找生命更多的可能性的努力，并不是为了比他人出色，并不是为了成为社会的楷模与精英。恰恰相反，你希望你是一个最低标准，你希望凡你所能够活出来的，他人皆可实行。"

我注定与最大多数的众人为伍，因为我们"配置相近"——没有过人的天赋，没有惊人的毅力，也没有骇人的野心。我就用我的"普通标配"去走一条不太一样的路，这条路不至于卓越超群，不需要离经叛道，但是只要我趟过来了，没摔死，大家能走的路就多少宽了一点。例如，我希望那些本来不相信的人日后能够相信，考不上中文系也能写写感动自己的诗；相信坚持做自己热爱的事不会饿死；相信爱这个世界的同时可以不执着它。这些对于高级配置的人来说，简直不值一提，只是我愿意为"标配"的人们而存在。

我希望缔造一个这样的社会——最低配置的人们也有选择的自由和选择的勇气。当然，其实我并没有这个能力，起码目前没有，而多生多世以后的未来，这样的社会即使真的出现，也成事不必在我，只要成就好（你看，我就是这么随缘）。现在，我只想缔造一个小小的平台，让已经拥有自由和勇气的普通人走到一起，成为更多人的光明与希望，就从我们这一本杂志开始。我知道这本杂志永远不会成为精英知识分子竞相传阅的一本书，就像我永远成为不了精英知识分子一样。我会始终崇敬真正的大师、精英、脊梁，我也始终更愿意与大多数普通人站在一起，我只想做一个精神病康复者，给其他的精神病人看。

四年前在南摩布达的度母殿，在一个月的时间里思考要不要出家之后，其实我已经作出了这个决定 。

多多

2013年7月2日于北京

这里还有我们

我们不是智慧的老人，我们是赤裸的孩子。

国辰：

杂志书最后定名《我们》我觉得挺好的，朴实又聚众。但这个“我们”到底会是谁呢？

“有一种人，越是在风雨如晦的时候，心灵越是宁静。他能穿透所有的混乱和颠倒，找到最核心的价值，然后就笃定地坚持。”

在从拉萨飞往北京的飞机上，读到龙应台先生《大江大海》一书里的这一句话。穿过稀薄的空气与暴烈的阳光，它重重地击中了我，它为我三个多月以来的思考一锤定音——《我们》，就要做这一种人。

当下的中国社会，既清流曲折，亦有浊流洄绕；既生机盎然，亦有腐败枯朽；既源源创造，亦有过度消耗；既大梦初醒，亦有虚妄再造；既佛光普照，亦有魔王圈套。这种种外相下的实相是什么？这种种因缘之后的因果是什么？我们还不知道。

但是我们相信，一切的集体现象，都有着个体的渊源，个人的业力决定了社会的共业，个体意志影响了集体意识。

我们相信，只要勇敢而坚定地走向自己的深处，就能到达一切人的所来之处，照见一切人的本来面目。

我们相信，所谓本来面目，就是人的基本良善。我们相信光明，相信光明一直都在。

所以我们决定，从个体生命体验与实证出发，用出发的决心与意志回归，回归心灵的原乡。

要想穿透所有的混乱与颠倒，回到那个无须造作的、正常而圆满的状态，我们却要先做很多很多，无法一一陈述，甚至无法一一了解。但是我们决定不做的有：

我们不以自己为标准而批判他人，我们不试图建立唯一标准，而宁愿相信一心一世界，尊重多元，尊重异己。

我们不因清醒而愤怒，我们宁愿因为清醒而悲悯，因为真正的清醒不是看到世间的乱象，而是看到世人的迷茫与觉醒的希望。

我们不做任何人的导师，我们宁愿展示道路与行道者。我们充其量只能告诉人们，生命中真实存在更多的可能性，却不会替任何人做出选择。

我们不传播概念与口号，我们只分享经验，成功的经验，或者成功地发现一个失败的经验。

我们不是智慧老人，我们是赤裸的孩子。

《我们》这一本“主题杂志书”，我的初步计划每两个月出版一期，每期一个核心主题，我们希望通过有故事、有态度的叙述来保证这一本主题书的品质。同时我们希望作者不要把《我们》当作传统的杂志媒体、宣传工具，而应该把它当作一个，可以真实地说出自己见解的无人山谷。我们希望提供一个平台，让大家从容、安静、诚实地书写。

国辰，谢谢你邀请我来做这一本书的主编，在纸媒没落的今天，我们才刚刚入世，而且还是那样的没有主义，没有导向，没有权威，它会长久吗？天知道！那么，就让我们将每一期的《我们》，都当成最后一期来做吧！愿做众生的不请之友，哪怕只为了说出一句，这里还有我们！

愿，因缘而聚，合心为欢。

多多

2013年8月3日于拉萨

5
3

给自己的信

Dear Dorophy

时间并没有夺走你什么，相反时间在不断地赋予你。

赋予你经历、经验，也赋予你答案，赋予你生命的醇厚与宽广。

无龄不是傻天真，也不是强装嫩，是逆流年而益增的对生命的热爱与喜乐。

我希望你，多多小姐，将来即使骨肉褴褛，皮相模糊，

仍然能够是一个，爱的赤子。

那个大龄失业女青年

其实我需要的不是解释现状，我需要的是如实地与现状相对。

费老师：

愿安好！

当我被告知，要为您主编的书写一篇关于“高峰体验”的文章，我一边喏喏地答应着，一边开始搜索自己过去的经历中，到底有没有一些“超越普通意识的另类体验”。然而属于金牛座的我，原来真的不是爱冒险、爱挑战自己舒适区域的人，竟从来没有做过什么挑战自己身心极限的事情，也没有过任何值得大书特书、神秘而伟大的经验。

但如果，“高峰体验”意味着：诚实地倾听自己的内心状态，破译种种痛苦的试炼，解读正发生在自己身上的生命经历，从而对自己本身所拥有的力量更坚定自信，那么也许，我有一些并不奇幻的凡人经验可以分享，关于“敞开”之道，关于“当下”之念。

当禅宗不知不觉成为流行的时候，“安住当下”是人们（当然也包括我）津津乐道的一个口头禅，但是真正地懂得“当下”的意味，却是来自在我失业的第三年，某天早上的那一口面包。

先说说失业前的我吧。我一直是一个自由而幸运的人，从来不是资优生，但是求学、求职都还算顺利，从人才市场递简历开始，成为广告公司的小职员，继而主管，继而部门经理，二十五岁到了一个中国五百强企业做市场部经理，虽说不断有所变化，但是职业生涯似乎也是可以预见的平稳而平淡。我生活的地方也因为工作需要，从广州到上海，继而济南，继而北京，一路向北，虽然总有新居，但也不是我自己的勇敢决定，只是随顺了因缘，边走边看。直到有一天，失恋与失业接踵发生，我才被狠狠推离既定轨道，推向一个充满其他可能性的未知。

那时候，在探索可能性的新奇与面对未知的恐惧之间，鬼使神差地，我的好奇心暂时战胜了恐惧。我没有去同业寻找一个相似的职位，也没有在朋友之中发展一个相投的男友，而是带着一笔小积蓄一个人到了印度。但是不要看到了“印度”，就以为接下来，我要告诉你的是“一个剩女的奇幻旅程”，不是的。

第二年，我带着公司的赔偿金，又去了印度；第三年，我带着提前支取的养老保险金、医疗保险金、住房公积金，又去了印度。但是我没有得到神佑，也没有受到佛力加庇，没有艳遇，没有开悟，没有妙不可言的灵性体验，甚至没有得到一点好运气。

相反，我得了清晨忧郁症。那段时间每天早上醒来，我都被一种透明而巨大的不安所笼罩，今天没有什么特别的安排，没有什么事情要发生，没有什么东西会被改变，什么都没有。在别人眼里的闲适与平静，却让我无比沮丧。

原来我曾是如此地依赖忙碌，因为忙碌使我得以回避自己，忙碌使得一切的情绪都有理由，一切抱怨都十分正当。恐惧与悲伤，凉薄与刻薄，跟失业有关，跟失恋有关，跟服务员的态度有关，跟国家的制度有关，跟人口密度有关，跟大气质量有关，跟地球磁极有关，反正就是与“我”无关，“我”在忙碌中是安全的。

当然，我也学会了自我检视与批判，时而自认愚蠢，时而自觉崇高。给自己贴上灵性追求者的标签，我开始制造另一种忙，用更为高远的意义与更伟大的目标来逃避眼下的痛苦与困惑。我学会了很多宗教词汇，用来解释自己的现状，出离、不执着、放下……我让自己看上去悲壮又庄严，脱俗又寂寞。但其实我需要的不是解释现状，我需要的是如实地与现状相对。

如果就让悲伤和恐惧蔓延，会不会是更勇敢的做法？不转身，不逃跑，盯着它，看看接下来还能怎么样。是的，这是我的第一次“高峰体验”，第一次勇敢地、如实地面对自己的失望与难堪，而不是去寻找失望的原因，不试图结束失望，只是与失望本身面对面。

我发觉我当时最大的问题来自于对金钱的贫乏感——并不是因为生活在北京，却一个星期只能花一百块钱的生存大挑战，而是当时的我，既对谋取世俗生活的能力产生自我怀疑，又对舍弃世俗生活、求取心灵成长的决心产生自我怀疑。既需要金钱支持，又对自己的这种需要感到羞耻。身体里的“超我”说钱根本不是问题，“本我”却说没钱才是问题。贫乏感，远比贫乏本身更具伤害性，就像饿鬼道现前。在旧的生命局限与新的生命愿力之间，我觉得自己正在独自穿越“自我”的大峡谷，两岸唯有险峻，进退维艰。

那个时候，每天在脑海中聒噪着，“怎么办？怎么办？怎么办？”如同禅师要参的话头，只有提问，没有答案。直到有一天，当我坐在餐桌前，阳光一如既往地、明晃晃地让房间的每个角落都袒露而鲜明，包括我自己；风一如既往地灌进来，灰尘被扬起，在光里回旋，等待着被沾染，在我的里面，也有沉疴泛起。恍然间，那个追问的声音变了，她不再问我“怎么办？”她这次问的是“会怎样？假如你变得很有钱，你会怎样？假如你没有了一切的忧虑与困境，你会怎样？”我被自己问得错愕。

直到现在我仍然清晰地记得，即使那个时刻已经过去了六年之久，即使这六年之中生活的变化让人始料不及，但我仍清晰地记得，在那个错愕过后，在心头生着锈的那个扣子，“啪嗒”一声，被打开了，一个平凡而真实的答案，缓缓呈现。

我回答自己，假如我变得很有钱，假如一切的忧虑与困境都消失，在这样的早晨，这样的风里，我还是会如同此刻这般，吃上一片同样口味的淡奶吐司，喝上一杯同样分量的香草速溶咖啡，这本就是固定宫死金牛的我的最爱。是的，在每天的这个时间，有钱、没钱，有苦、没苦，是没有区别的，我已经在做，我将会做的那件事，在这个当下，这一个八点十分，和未来的某个八点十分是一样的，我毫无欠缺，也并不贫乏。我终于承认自己在根本上的富足，而不再悲叹自己在想象中的贫乏。

这一个早晨的小小洞见，使我真正地敞开了自己，我终于愿意睁开眼睛如实地去看待人生的境遇，不再神经质地小题大做，也不将其虚饰成神圣之事。我终于明白，与“这件事情为什么会找上我”的抱怨相比，这件事情之所以发生在我的身上，是因为它对我的意义非凡，它在向我交付一股力量，而这股力量是在我的舒适区域之中根本无法获得的。这不是什么激动人心的神迹，而是比神迹还要难以置信的平常心。

你问我，这其中的转变是如何发生的？我也不清楚，也许这就是所谓神秘的“高峰体验”吧。

这样的文章真写出来，怕是要被您的责编无情退稿吧？那就全当是我拉着您，絮叨絮叨往事吧！

谢谢费老师抬爱，希望将来能给您写出真正的好稿子来。

祝您，平安，喜乐，吉祥！

多多

2013年9月22日于北京

给自己的信

Dear Dorophy

人越老时间过得越快似的，

诸般事项与世象便按了快进键似的，

变化、生灭着，快到都来不及笨拙地入戏，

只好生分地一旁观看，怎么看都觉得又虚妄又滑稽。

随着年纪而生出的疏朗与幽默感，大抵就是这么来的。

我们都要好好的

原来生生被剥离，也可以是一种巨大的推动。

抒今：

亲爱的，我又走了，留你一个人负责杂志的催稿，各方的协调，你多费心了。曾经，你也是大牌时尚杂志的编辑部主任啊，这些年离开集团，成为自由职业者，甚至无业自由者，你适应了吗？邀你和我一起来做这一本随时会做不下去的杂志书，你开心吗？这些年，我是习惯了，对于种种主动或者被动的变故，虽说不上泰然自若，但总算接受了这一点，自由是有代价的，能承受才能享受。

这次来印度，我会先在瓦拉纳西游荡一些时日，大约一个月吧，然后再去菩提迦耶，新一期杂志的卷首语，我会在离开瓦拉纳西之前发给你。

你来过瓦拉纳西吗？这座印度圣城据说是在六千年前，由湿婆神所建。话说，湿婆不是毁灭之神吗？

每日游走在瓦拉纳西迷宫一般的巷道里，我需要不时避让着横行的牛只，还要躲闪四溢的粪尿，同时与数以百计、千计、万计的人们接踵摩肩——他们有的浪游而来，有的深居于此；他们有的生于斯处，有的为死而至。印度教徒相信，主管生死的湿婆神，会在恒河岸边昼夜巡视，有幸在此死亡并在火化后被送入恒河的人，将可以直接升入天堂，免于痛苦流转。

但是如果你经过金庙，顺着巷道往前走不远，只要往河岸的方向一拐，就静谧下来了，所有的熙熙攘攘都被截然留在了身后，除了偶尔会传来一阵轻微扰攘，这时人们只是微微侧过身，让出一点空间，并同时将手置于额前轻声祷告一句——那是一具亡者的尸体被抬送过去。再往前走去，会遇到越来越多的送葬队伍，他们安安静静，簌地从身旁经过，偶尔遇上一个对视的眼神，也没有哀恸，甚至透着炯炯而静定，如仪式中的祭师。倒是我，每次与尸体擦身而过，心都会被一下一下地牵连着：与死亡在狭路中相逢，一次次它从身后走来，从眼前走远，我深知自己的脚下，正奔赴于同一个方向。

今天早上，当我再次与送葬的队伍相遇，更有一种奇幻的感觉，在心中浮漫：每一具被抬举着离去的尸体，就仿佛是在我的里面死去的一个部分，我带着隐秘的喜悦，在为她送葬。这种奇幻感将我带回了几个“当初”，我不曾对你说起过的当初。

记得当初，刚刚大学毕业离家谋职，为了省钱而借宿在广州姨妈空置的房子里。那是一座西关大屋里七十二家房客中的一家，要与其中六七户人家共用厨房与卫生间，对于初次离家，离校独居的我，倒也不失为一种过渡式的集体生活，颇有滋味。而我所任职的媒体公司，也是一个当时新近成立的公司，我则是里面最小的一个部门里年纪最小的新人。每逢需要通宵加班，自然是我来担当，新人嘛，需要锻炼，而工作性质，反正又毫无技术含量。所以那个小小的，常常是只供几个小时睡眠的房子，足矣。

可是突然有一天，姨妈和母亲闹了矛盾，限我必须在三天之内，从那个她八年都没来过的房子里搬出去。正当委屈、气愤、彷徨之际，听说公司在上海有一个临时项目需要人手，管住宿。本来根本不在被考虑之列的我，硬着头皮，壮着胆，申请了又申请，保证了又保证，竟被接纳了，成为项目助理，独自一人去了上海，负责客户服务。

没想到的是，项目结束，公司在上海成立了分部，我便顺理成章留了下来。一年后，上海分部撤销，却收购了一家济南公司作分公司，我可以选择回到广州或者前往济南，若去济南工作，继续管住宿，于是我又去了济南。自此，竟一路向北，渐行渐远渐安适。自此竟天涯各处，总有着相同的际遇：有人管住宿。

其实，从离开老家广东的那一刻起，我就知道了一点，原来生生被剥离，也可以是一种巨大的推动。无论当时多么的惊恐，要相信生命的奇迹，往往都发生在自我的安全区域之外，只要你胆敢步入，就可能发现全新的境地。

又记起当初，在世间的努力之外，开始寻求出世间的精神道路。

与谋职的道路相反，寻找上师的过程因缘辗转，一路向南，四川、香港，直到来到印度，才找到自己命定的心灵导师。虽然并没有经历过宗教狂热，但是当寻回命之所皈，心之所依，那种由衷地想要融入，想要奉献，想要确认自己真的成为组织一员的强烈意愿，还是洋溢了很长一段时间。

但无可避免地，只要你还抱有世俗之心，就必然会遭到世俗的障碍——哪怕你以为你是在一个理应超凡脱俗的领域，因为一切显现都是自心的投射与反映，有所企求，就有所失望。当我以一贯的思维方式，试图在精神领域有所建树时，一切融入都被阻挡，一切奉献都被阻拦，一切证明都被反证——最后唯一可以做的就是颓然放弃一切世俗的图谋，彻底撕破冠以虔诚之名的伪善心机，甚至决然远离那个曾致力于融入的“核心信徒俱乐部”，放弃成为VIP弟子。

多年之后回头，才明白，那时的退败，是多么大的加持，多么厚的慈恩——那些冷冷的剥夺，其实是最好的护持，让凡夫机心处处碰壁，无从造次，所有的障碍，堵塞了所有的歧途，让解脱之道，成为唯一的选择。

就是这一次次、一层层的“死”，将我引领到了此时此刻，此情此景。

当我终于到达青烟袅袅、火光红红的恒河火葬码头，我也终于想起，这里的人们之所以如同崇拜创造之神梵天一般地崇拜毁灭之神湿婆，是因为“毁灭”意味着“重生”，意味着生命的超越与解脱。

亲爱的抒今，写下这样几句话送给你：

当湿婆神带着浓烈的火焰娑娑起舞时，

若你的内心因懦弱而恐惧，

又或因傲慢而狂妄，

你会看到湿婆神可怕的形象。

但若你能信任生命原初的力量，

信奉灵魂本具的慧能，

湿婆将化成光明的火焰，

使生命更新成长，

光芒万丈。

我们都要好好的。

爱你的多多

2013年11月6日于瓦拉纳西

这是一个充满怀疑的时代

我们不是在编一个个成人童话，

我们只是用了游戏的笔墨，真诚地把自己说破，甚至撕破。

小东：

你的纪录片拍完了吗？《中国情人》的剧本找到投资方了没有？算了，还是别废话了，我就是想跟你再约一篇稿子。这一期的主题，嗯，还是让我把心里的设想完整地跟你说说吧，毕竟你不是一般的作者，你是我可以不收稿费的哥们儿，嗯哼！

这是一个充满怀疑的时代。

我们怀疑食物质量，怀疑空气指数，怀疑中奖消息。我们怀疑来电显示，怀疑自动提款机，我们也偶尔怀疑爱情。我们怀疑有钱人的动机，怀疑乞丐的身世，我们怀疑一切号称慈善的组织。不时常怀疑点什么，我们就开始怀疑是不是哪里不太对劲。

怀疑让我们显得特理性，特人格独立，对了，还显得特犀利。

与迷信相比，怀疑当然是一种进步，是启智之始。但是“迷信”的反面并不是“不信”，怀疑让我们学会的是甄别与确认，怀疑的过程应当使我们从迷信走向智信，而不是堕入虚无主义。而且，若是在“怀疑一切”的口号之下，却一直忘了怀疑自己，这也使得“怀疑一切”缺少了几分诚意。因为毕竟这个世界，与我们对世界的认知，是俱生而相互依存的，世界从来不曾独立于我们的认识而存在——所谓，心外无境。

然而自我怀疑需要多么的勇敢，又需要多么的坚定，才可保证不会异化成对这个世界的恶意呢？我们天生的自我保护意识，真的愿意放手，让我们去拆解自己的概念藩篱吗？我们拥有多大的力量，可以跳脱多远，好去对自己审视一番？如果并不是急于求成，我们是不是可以有一个温和的开始，与愉快的试探？面对迷惑的乱象，我们今天到底还剩多少幽默感？

这些问题，在我为此书立题组稿之初，其实并没有明确的答案，而仅仅是如同灵光一闪般想到，让我们以动物的角度，书写人类，怎么样？不管这个书写的过程，是带来了戏剧性的荒诞，还是启动了一丝对现实的疑情；也不管读者读到的是对人类的嘲讽，还是生起了对人类的悲悯。就让我们把这一期的《我们》，做成一次实验，提供一个新奇的观看角度，让怀疑变得更有一些意义。当我们化身成动物，去质疑世界，去挑衅自己，我们不是在编一个个成人童话，我们只是用了游戏的笔墨，真诚地把自己说破，甚至撕破。

小东，让我们带着透彻的自省与清澈的光明，一起走过这个充满怀疑的时代。答应我的约稿，成不？

多仔

2015年5月8号于印度喜玛雀

两条腿

以智慧摄方便，或以方便摄智慧都是解脱法。

善友尹璐：

那日共修是不是你问老师来着，既然众生如幻，佛也如幻，为什么还要修行？好像是你吧，老师说让大家回头给你解释。老师很早就曾经跟我们讨论过这个问题，以下是我的一点心得，供养给你。

很多人，当然包括我自己，在接触到佛法中关于般若空慧的教授时，都会很困惑。不是困惑于一切法的无自性、如幻性，也不是困惑于众生是幻而不实有，如来亦幻而不实有，苦是幻、乐是幻、佛果也是幻，没有任何一个真实有自性的地方可以让我们躲藏。最困惑的是，既然一切都是如幻、性空的，那我们到底在修什么呢？为什么而修呢？修到哪里才是终点呢？

这几年来老师带着我们学习《华严经》，慢慢地，我大概摸索出了一点修学理路。

佛法其实可以说是包括了两部分内容，这两部分内容不能相混淆，也不能够相互替代。这两部分内容可以概括为：佛法的存在论与价值论。

佛法的存在论，讨论的是“世界是如何存在”的问题。最后的结论是：一切法空、如幻，一切法都是不真实存在的。这就是佛法的“智慧”。

而佛法的价值论，讨论的是“在如幻的世界里，什么是有价值的”。要知道，并不因为一切法都相同地如幻，所以一切法的价值相同。依佛法的观点，对众生有益的，能让众生离开如幻的苦，得到如幻的乐，才是有价值的。这就是佛法中的“方便”。我们学佛，要追求的是“价值”，而非一个真实的“存在”。

所以，当我们学习般若空慧的时候，当我们去读《心经》《金刚经》《华严经》的时候，我们是在研究佛法的存在论，去了解佛所证得的世界的存在方式。然后安住在一切法如幻的见地上，实现佛所教导的价值——以因果为抉择的标准，实现由善的因导致善的果的价值。这就是《金刚经》所说的“离一切相，修一切善法”。

要永远记住，方便为佛父，智慧为佛母，两者一定要双运，才能生出佛果。如维摩诘居士所说：“以智慧摄方便，或以方便摄智慧都是解脱法。离智慧的方便，或离方便的智慧，都是系缚法。”我等学人应谨记！

深深感恩善知识的深切教诲，至诚顶礼！愿将这鹦鹉学舌一般的文字与你分享。共勉！

多多

2015年8月28日于北京

做个有钱人

只因生命曾如此待我以诚，容我以一桌素真滋味报答。

Sophie：

亲爱的姐姐，你匆匆地来到北京，又匆匆地回去，我们还没能好好地坐下来聊聊你辞职后的新生活呢。你在微信上跟我说，现在不比之前，花钱需要更有规划了，曾经被宠坏的自己，需要开始学习自律。其实我最近也一直在思考，如果收入没有更多，时间没有更宽裕，有没有可能让自己过上“更富有”的生活？

先说衣物。因为并不富裕，我决定不再买廉价的衣服。是的，你没有看错，我要戒掉的是廉价的衣物，因为廉价，会让我去买下很多原本并不需要的东西——你以为自己并没有太奢侈，你以为自己占了便宜，其实廉价的重复购买，既占用了选购的时间，又占用了存储的空间。我住的地界，房价已经接近九万，拿出三平米来放衣服，那就是二十七万呐！而且，廉价的衣物往往使用率并不高，对它失去兴趣也快，与其买十件两百块的衣服，不如买一件两千块的，品质好，又因为是精心选购的结果，所以使用率也高，即便是日子久了，衣物褪色、破损，也因为其矜贵，而愿意用心去修复。最近我学会了植物染，那些因为穿久了而发黄的白丝衣，我熬了姜黄、石榴、苏木、茜草、五倍子和荔枝，将它们染成了彩衣。与随手抛弃相比，修复自然是费时、费事、费思量，但这惜物之心，就是对地球的供养呀，也是使内心变得富足的善因缘。

说到这，让我想起了在印度看到的情形，那里的女性所穿的纱丽，几千年来都没有改变过样式，而正因为款式单一，极致的用心都落在了材质与手工上面。直到现在，还能在古衣店里买到几十年甚至上百年前镶着珠宝的贵妇人的衣服，竟然完好如初，鲜艳如初！我们又何必为了短暂无常的流行，不断购入廉价的新衣呢？而且最近我开始意识到，自己那种上瘾式的购物，其实是一种下意识的对自己的安抚——在我们的内心一直有一种隐秘的、难以自觉的小痛苦、小不适，我们总是需要不断给自己买礼物，哄自己开心。而购物带来的小快感，不仅稀薄而短暂，更会不断地分散我们的注意力，让我们看不到自己真正的问题所在，找不到不快乐的根源。也许心里的那些小洞洞，就是我们一直难以感到富足的原因吧。我要勇敢地把它们找出来，而不是轻易地被分心。

再来说说吃。我住在北京，而你在上海，我们应该都深有体会，若是能少几次外出用餐，光是省下来的时间和金钱，就会很可观，更不用说食品安全和健康方面的好处了。以北京为例吧，有机蔬菜送货上门，一个月的消费六百块，可以有六十斤的时令有机蔬菜。六百块，在北京的餐馆，就算AA制也最多只能吃十顿地沟油饭而已吧。而我的一个北京朋友，她在郊外的农村租了一小块只有几平米的农地，租地和请当地农民帮忙种地的钱，一年才三千块，她跟我说："现在才知道，土地给予我们的竟是那么的多，我的那一小块土地上出产的蔬菜水果，我们全家根本受用不完，还需要到处去找朋友送掉。"

此外还有赴约的时间，住在大城市里的我们，要跟朋友吃顿饭光路上来回就是一两个小时，再吃上两个小时的饭，六分之一天就没有了。而这种社交聚餐，到底有多少是高质量的情感交流，又有多少是在消费彼此的时间以填充自己的无聊呢？真的不好说。

记得在不丹的时候，十几天行程下来，我吃到的几乎都是同样的菜品。问当地的朋友，不丹人是不是很不讲究吃？朋友回答："是啊，我们从来不会为了三寸的快感而费思虑。"我疑惑什么是"三寸的快感"，朋友解释道："就是我们的舌头啊，再美味的食物，能享用的也只有那三寸的距离，过了喉咙，就没感觉了，又何必追求那么多过分的味觉刺激呢？”这种轻而易举的满足感，大概就是富有的感觉吧。

所以我现在已经开始每天自己买菜做饭啦，虽然是自己一个人生活，可是在吃饭这件事上，真的是一个人也过得像一支队伍。而且买菜、洗菜、配菜、切菜、做菜这个过程，有时候竟然比打坐禅修还要专注跟让人安心。将简单的素食做得营养又可口，将自己的身体料理得妥帖又不过分娇惯，慢慢地，还真是会生出一种真切的幸福感呢。

回想起来，客居北京，也有十多年了，头七八年基本都是在外用餐或者依赖外卖，整个生活都是过客的状态。如今只想要好好地做一回这个城市的黄脸婆、凡庸的妇人。它给过我的幻梦与浮华，我就用一碗白饭奉它；它见过的我的那些青春与年华，我用一杯清茶祭它；它陪过我的那些窘困与仓皇，我用一钵满满的炖冬瓜煨它。只因生命曾如此待我以诚，容我以一桌素真滋味报答。

不过，跟衣物、食物相比，我觉得我们如今最贫瘠的，还是时间。虽然你我现在都是自由职业者，不需要每天打卡上班下班，可是感觉时间的品质却越来越不如往年。

在还需要打卡上班的那些日子，每天上下班坐地铁需要两个小时，那个时候都还会每天在包里放一本书，每天能有两个小时的阅读时间。如今我的时间却被微博、微信、微视频分割得支离破碎。一开始，我们以为那些消遣，只是为了填补零碎的无聊时间。渐渐地发现，它们其实占用了我们绝大部分的时间。我们不再写经过深思熟虑的长文章，我们不再读经过精挑细选的好书籍，我们不再投入地看一部寓意深刻的好电影。我们的生活变得鸡毛蒜皮，鸡零狗碎，鸡汤横流。

想念在泰国森林寺庙里闭关的日子，没有手机、电脑等任何电子设备。细算下来，一天竟然可以有十个小时禅修，七个小时睡觉，两个小时静心吃饭，一个小时清洁，一个小时读书，一个小时交谈、分享，还有很多富余的时间用来无所事事！那个时候甚至没有精进的感觉，因为每日都过得自然而闲适，并不觉得自己有在奋力做着什么，不过是依天时而生息罢了。

所以，我决定要给自己一个艰难的功课，规定自己每天在一个特定的时间，例如晚上八点到十点，坚决不碰手机、不上网，为自己准备一个完整的时间段，可以用来阅读，写作，看一部完整的电影，或者只是去专心地发呆。我要学习不僵硬也不散乱，放松的同时一心一用。可是老实说，在日常生活里要做到不散乱，真的比在寺庙里闭关，在佛堂里念经打坐挑战得多呢！啊，我的手机仁波切，请加持我戒掉你!

希望我能够真正地富有而知足地生活，从朝圣的异乡带到现前当下，从那些“落后”的国家带回高速发展的北京。亲爱的，我希望，无论身处何方，我们都能清楚地知道，自己真正需要的是什么，希望我们都有断舍离的力量。

希望下次的见面不要再太匆匆，保重!

多多

2015年9月3日于北京

继续做就是了

出离心是一种穿越的能力，一种于一切显现不避不让，正面相迎，

但又两不滞碍彼此穿越的能力。

亲爱的大雄：

喜玛雀的雨季快要来了，你是知道的，当接近雨季，这里会三天两头地来一场暴雨，直到最后每天都是暴雨，整整两个月不间断。而智慧林这里又跟上密院不一样，我怀疑这里的山间住着龙，很多很多的龙，这里的雨天必定伴随着大雷电，但雷声总是沉沉的毫不干脆，一响起就是一长串，从西边翻滚到东边，像是一头老龙一边翻身一边清嗓子，他大概是挤着谁了，于是大大小小的龙都骚动起来，推搡着，呜噜噜抱怨着。今天又是一个暴雨天，雷又把电线劈断了，我从蒲团上往窗外看，刚好看到远处的电线上火花四射。入了夜还没来电，法本是读不了了，于是想起来给你回信。

你说生活苦，修行苦，退回原地苦，硬着头皮往前走苦上加苦，你呀，真是个典型的天蝎座，这世上的浮华与虚荣再妙曼，也骗不过你，你总是一眼就看到那层苦的底色，那挣扎的无用。你说我总是乐天，总是能把无趣的生活搞得很好玩。是啊，这也许就是我受苦的方式吧——苦来了，我就受着，不砍价不谈条件不求安慰甚至不怎么正眼看它，哦苦啊，你又来啦？坐吧，想喝点啥？别客气，你自便吧，就当在自己家一样。你可知道这背后，其实是因为深知自己的无能为力，深知反抗的徒劳。而乐天，也许就是来自对自己无能的认命吧。

然后，我们遇到了佛法。但我们都不是那种善于自我催眠的宗教徒，我们要的不是安慰剂，我们甚至极度反感那种宗教外衣下的虚伪与自我欺骗，这使得我们错失了宗教狂热带来的短暂快感，不过又如何，谁稀罕！

还记得吗？我跟你提到过的，在菩提迦耶的街头，我被一个陌生人截住，跟我说了一下午她的烦恼。大概她是一个比较敏感的人吧，总是头一天觉得一个上师无比的神圣，到了第二天又发现他不过尔尔，第一天听法觉得醍醐灌顶，第二天又怀疑是否真的如此。或者生活中各种各样的小事件，都会影响到她，使她忽悲忽喜、患得患失、乍惊乍怒。她问我，学了佛怎么还会这样？

听到最后，我对她说出了一番事后才突然发觉其实那是我自己当时最需要听到的话："我向你保证，即便是成为佛教徒，即便是开始了艰苦的修行，你的生活还是会充满苦和烦恼，永远会有人突然闯进你的生活又突然离开，修行不会一下子改变什么，修行在这个时候唯一的作用就是让你知道，无论发生了什么，经历着什么，你还有一件更重要、更有价值的事情可做，继续做就是了。"

嗯哼，就是这样了，哪有什么殊胜的发心，哪有什么高尚的理由，不过是一念无由地相信，相信那件事情对你我无论是沉重还是轻狂的生命来说，都是值得为之，值得以命相抵。

哦对了，跟你分享一个想法，最近开始觉得，出离心是一种穿越的能力，一种于一切显现不避不让，正面相迎，但又两不滞碍彼此穿越的能力。等你日后有机会来到我住的这个松林，我们一起去看风穿过树林。

愿平安喜乐！

爱你的多拉A梦

2016年5月29日于印度比尔镇智慧林

我知道，我懂的

也许，可令人安于寂寞的那件事，就叫作修行了。

妞：

你在干吗呢？还在复习日语吗？还是又开始埋头缝衣服。收到你托人送来的短衫和长裙的时候，是在德岛，三月的日本冷得一直舍不得打开那层包裹的宣纸，将它们背回了印度。

喜欢看你给每一件衣物写的制作手记：

二〇一六年二月一日作，三月十六日止。

染人：罗秀兰，贵州黔东南，丹寨县。

工艺：初，每日手执竹棍搅动，不可计数。时，淀沉于底，凡靛入缸，必用韬灰水先灰五升，搅动数十下，淀信即结，水性定水浸七日，其汁自来，每水浆一石，下石。凡造淀叶与茎多者入窖，少者入桶或缸。

子口细密纳针。

整衣全手作隐斜针。

手作针数：六千一百五十一针。

我在想，你做衣服的时候是不是也会像我闭关一样，在选好的那个日子郑重地开始，然后每日用念珠记下当天缝过的针数？会不会像我一样，既希望早日完成计划，又不舍得这日复一日美好又单调的日子太快结束？你会不会也时常生起这样的念头："傻哦，想那么远干什么，眼下这些还不够令你全心倾注的吗？"

也许，可令人安于寂寞的那件事，就叫作修行了。

你说你希望你做的衣服，可以让人穿一辈子，破了你来补，旧了你去染，你偏不信衣不如新，但你又笃信人不如故。这样的一生悬命，惜取的人会遇到吗？我其实是不太敢发誓，对哪个物件，哪个人会一直无变地爱下去，毕竟爱，也是众缘和合，而自己，只是这众缘里最微不足道的小因缘吧。

过去总是对苦、空、无常，感到无奈又哀伤，若不是出自佛之口，真不愿意就这么接受啊。可是现在，竟觉得苦、空、无常才是轮回里最大的恩典——因为有漏皆苦，你放下的任何，都不值得惋惜，你放下的所有，都是放下苦；因为无常，所以一切恒新，永远来不及厌倦，更勿论执取；因为性空，才可以游戏啊，才可以穿梭出入，自由来去。因为这样想着，过去很多不愿意接受的命数也接受了，过去不愿意承认的怯懦也承认了，反而渐渐勇敢了起来。

是不是你也有着类似的想法，所以才决定投入到那个陌生的未来呢？

到了日本，可能一开始不那么容易哦，会有很多很多的规矩，让习惯了漫不经心的我们感到不自在，甚至自己都会嫌弃自己。不过你是一个比我自制力强太多的人，应该不会像我一样给别人添麻烦。

师兄们在告别的时候往往喜欢互相逗趣地说“苟成佛，勿相忘”，一副“将来富贵了别忘了拉兄弟一把”的样子。我倒不在乎日后是否会忘了彼此，我更担心自己会忘了曾经受过的那些虚妄的苦，担心自己在遇到同样的苦者时，竟对他人的虚妄轻慢起来，完全忘了自己也是这样一路走过来的。我知道你也受过很多苦，但是只要想想，将来菩萨道上，正是因为这些受过的苦，我们才可以对着某个哭泣者坚定地说出“我知道，我懂的”这样的话，这些眼下的苦，

好像就庄严起来了呢。所以，一起加油吧！

不知道在你出国之前还会不会再见面了，这就算是对你暂时的告别吧！

珍重啦！

多

2016年6月3日于印度比尔镇智慧林

给自己的信

Dear Dorophy

可以回首，但不退后，

去吧，多多小姐！

你是被看顾的人。

一件正确的事

白从你对我沉默，我也开始沉默，但欢喜。

亲爱的上师：

是的，
对于修行这件事，
甚至对于解脱这件事，
我的神圣感越来越少了。

不知道从什么时候起，
哦，也许，
从你不再示现各种神奇，
不再殷殷爱语的时候起，

我不再觉得自己正在做的，
是一件多么伟大的事，
不再觉得那是一件多么美好的事，
也不再觉得那是一件多么与众不同的事。

我开始知道，
在这从未圆满的世间，
以这从未真正安稳快乐的生命，
寻找通往亘古寂静的实相，
以及为寻找实相付出一切，
只不过是，
一件正确的事。
除此之外，我们还有什么可以做的呢？
自从你对我沉默，我也开始沉默，但欢喜。

感念您的慈恩，噶玛巴千诺！

愚钝弟子多多

2011年月1月7日于北京

PART TWO

亲爱的小孩

亲爱的小孩，

请原谅那些，还没来得及想好就长大的大人们。

亲爱的你：

谢谢你的耐心，一直看到这本书的这一页。

亲爱的，我必须向你坦白，你前面看到的所有内容，其实都不是我出版这一本书的本意。这一本书，其实是为了你接下来即将读到的二十三封给孩子的信而出版的。

在过去的两年多里，我一直在为一本儿童杂志写作，不定期地为那些给杂志写信的孩子们回信。我一直想将这些真实的来信与回信集结出版，但又担心一本以儿童为主题的书，不足以引起你的注意，所以才增加了前面的一章，给大人的信。

我知道，这些孩子的来信里所表达的问题，可能对你来说太幼稚，太可笑了；我知道，这些我给孩子们的回信，也可能对你来说太浅显太啰唆了。但我还是那么想要将其集结出版，因为，第一，我希望父母们能够借此知道，孩子们原来需要独自面对那么多困惑，而这些困惑他们往往不会向父母倾诉；第二，我更希望的是，每一个大人都能借由阅读这些信件而重新观照自己的内在孩童，重新回到那个当年，告诉曾经困惑的自己，一个足以疗愈的答案。

相信我，哪怕事隔经年，你仍然有机会与那个小孩对话，你的苦，你的痛，你心中的那个受伤的小孩，需要你，你还有机会拥抱他，他的痊愈才是你真正的成长。

你要相信我，亲爱的，因为就是在那些给孩子们回信的当下，我与我的内在小孩，第一次相拥而笑。

祝你读后也微笑。

多多

2017年1月24日于印度菩提迦耶

大米小姐的小世界

我们也是大自然的一分子啊，

我们也有我们独特的、一个奉献给世界的面貌。

多多姐姐：

您好！我的名字叫米静桐，大家叫我“大米”。

我给您写信是有问题向您求助。

我在班里学习成绩还算不错，每次考试都排在前二十名。我也有很多优点，大家也都爱和我玩儿。但自从我上了五年级，我发现我开始自卑了，因为我长得不算漂亮，还很胖，有时候家人为了督促我减肥，还用一些不好听的话刺激我。而渐渐地，我也觉得他们的话是对的，也觉得自己长得很“恶心”。我多次问朋友，我是不是很胖，是不是很丑，可朋友们都说：“你为什么这么想，你很棒呀！”尽管如此，我还是开始自卑了，我想如果不让这感觉消失的话，后果会很吓人。

多多姐姐你有什么好方法吗？
我很期待您的回信哦！我不要自卑！

米静桐同学

亲爱的大米：

你好！

不知道此刻，你的窗外都有些什么？

而在我的窗外，远处是一个寂静的山谷，山上种着松树、白桦树、杨树，还有一些不知名的灌木。

松树并不是那种常青松，松针都已经变黄了。前几天下了大雪，我看到枯黄的松枝托着厚厚的雪，那副又憨又犟的样子，真是可爱。

而白桦树和杨树呢，树叶早就已经掉光，但那些光秃秃的白枝丫，竟也有一种独特的美。尤其是在朗日蓝天下，晃着眼的白树枝，奋力挑着那幅巨大的湛蓝幕布，要不然，天上的蓝哟，怕是要倾泻下来了呢!

因为有成排的白桦树和高大的杨树顶着天，立着地，小小的灌木于是便有了足够的空间，簇拥也好，独立也好，生长也好，萎顿也好，它们各自存在着，各自生动着。

而在灌木丛的底下，其实还有很多草皮与地衣，但是它们都睡去了，身上盖着白雪织就的毛毯。冬天里，它们是最安静的，但是只要春天一到，你放心吧，它们将是最热闹的一群!

亲爱的大米，你有没有看见过这样的山谷和树林？你会不会也觉得这样的景象很美好呢？你知道这一切的美好是因为什么吗？在我看来，这个世界正是因为“不同”而“丰富”，因为“差异”而“美好”的啊。

松树从来不会嫌弃白桦树瘦，而杨树也绝对不会笑灌木丛矮。它们用不同的方式分享同一个春天，它们以不同的面貌奉献给同一个自然。我们也是大自然的一分子啊，我们也有我们独特的、一个奉献给世界的面貌。

亲爱的大米，任何时候，你若是觉得自卑，请眺望一下你的窗外吧，那里有一个因为多样而多彩的世界，正在为你敞开。任何时候，若是有人故意令你自卑，你就带他到大自然中去吧，你要抬起头，迎着阳光对他说："嘿！如果你要做树先生，我不会反对，但是请允许我，去做那快乐的稻米小姐，OK？"

多多

2010年10月25日于五台山文殊洞寺

给自己的信

Dear Dorophy

让我们旋舞，于那荆棘之花的丛中。

让我们踏遍，这世上的欢愉与痛。

少女的皮鞋

我们永远无法解决所有人的问题，甚至无法解决身边最亲密的人的问题，

我们只能做自己的劝解者、安慰者与引导者。

多多姐姐：

您好！我是一名初二的学生。父母双双进入更年期，经常吵架，以前还不要紧，最近母亲要不说父亲有外遇，要不说父亲把钱给了别人。父亲也因为这些经常和母亲吵。姐姐不在家，我只能一个人劝解，但他们完全不听劝。我有时半夜醒来听见他们还在吵。我心里很不痛快啊！我还要安静地学习呢！

我想问一下，作为一名正处在青春期的儿女，我该怎么劝解啊！

烦着呢我

亲爱的少女：

你好！

请相信我，你的父母，他们并没有进入更年期。我算了一下，他们的更年期将会在你工作已经有几年的时候到来，而那时候你也许正在为“是应该留在待遇较好，自己却不喜欢的职位上呢，还是勇敢挑战一个新领域走自己的路”这样的问题而纠结，是的，大概就是那个时候。

而当你终于在职业上找到自己的定位，却错过了结婚生子的最好时机的时候，你父母会到达更年期反应的最高点，对此你要有心理准备。那个时候，你将陷入另一场纠结，到底“听从父母的安排却不快乐”是孝顺，还是“听从自己的心却很幸福”才是真正的孝顺？

又过了若干年，你会发现父母终于心如止水，成为一双沉默寡言的老人，却很有可能仍然处处不合你的心意，你依旧每天烦得要死。那是因为，你的更年期终于也到来了。

亲爱的少女，这就是人生，这就是家庭啊——不是我有问题，就是你有问题，大部分时间，大家一起有问题。而当你有一天走进社会，你还会发现，哦买噶的！原来人人都有问题！

如果在一个小小的家庭里，我们尚且可以努力去劝解争吵的双方，那么面对那个充满争吵的世界，我们该如何安慰它呢？如果家里的地板很干硬、粗糙，我们可以铺上地毯保护我们的双脚，那么踏入那个荆棘满布的广袤大地时，我们该如何是好呢？

不要沮丧，亲爱的少女，其实答案很简单，只要在自己的脚上穿上一双鞋就好了。

是的，我们永远无法解决所有人的问题，甚至无法解决身边最亲密的人的问题，我们只能做自己的劝解者、安慰者与引导者。

虽然不容易做到，但是少女——

在他们争吵的时候，你要努力成为家里最安静的那一个，并对他们说："如果你们需要有人聆听，可以来找我。"

在他们哭泣的时候，你要努力做坚持微笑的那一个，并让他们知道："如果你们需要向谁倾诉，可以来找我。"

在他们互不理睬的时候，你要是努力给予温暖的那一个，并请他们相信："如果你们对家庭失望，我会是你们的希望。"

亲爱的少女，我知道要做到这些，真的很难，所以我为你准备了一条神奇的咒语，你要每天早晚都念三遍哦！听好了——

我是最美丽的太阳花，我生命里出现的一切困难都是我的养料，我最终将光耀一切与我相遇的生命。啦啦啦，啦啦啦！

最后的"啦啦啦"不可以少哦，不然咒语就不灵啰！

多多

2010年12月20日于五台山

给自己的信

Dear Dorophy

爱与痛，是尘世跋涉的双足——

没有爱，我们将无法给予自己和他人快乐；

没有痛，我们将不懂令自己和他人远离痛苦。

爱成就仁慈，痛成就悲悯。

DEAD
END

当你傻傻地站着

我愿你永远不懂，伤害为何物。

多多姐姐：

我是一名初中生，学习还不错，但我现在有个烦恼。就在今天中午，有两个我经常见到的小学生，故意把我的自行车胎扎破了，但我却不知道该怎么处理，在那傻愣着，眼睁睁地看着这两个坏蛋溜走。回到家，告诉妈妈，妈妈说我不能就这么算了，说让我打他们一顿，但平时乖巧的我从来没有打过人骂过人。虽然我很生气但是我却不知道该怎么做。多多姐姐你能告诉我该怎么办吗？

Jack

亲爱的Jack：

你知道吗？你是一个很善良的孩子。就算你的妈妈，甚至你自己都会觉得你太傻了，但是我要告诉你的是，与愤怒、攻击、报复相比，傻傻地站着，已经是一种莫大的良善。

孩子，当你面对伤害却茫然，这是因为在你的内心没有伤害的种子，没有关于伤害的概念，你无法理解那些你从未思虑过的现象。而这种茫然无措，这种懵懂无知，你可知道，在成人的世界里，是多么稀有难得。

在你长大之后，你也许会发现，这个世界充满着伤害，有心的、无心的、可以预料的、无法理解的、可以原谅的、无法修复的……经历过这一切之后，也许你会变得聪明而世故，敏感而机警，因为有一颗深谙伤害的心，你善于揣测形形色色的人，林林总总的心态。那个时候，也许人们的一举一动、一颦一笑你都能做出一番解读，几般预设，以及许多防范。那个时候，也许这个世界已经无法轻易伤害你，但也许，你已经开始对自己施加一种无法逆转的伤害，那就是，你不再相信美好。成人的世界，就是从这不信任开始，而变得高墙林立、荆棘满布、一触即伤的。

所以孩子，我愿你永远不懂，伤害为何物。

然而，我们毕竟不是生活在真空里，有一些事情总归是要去经历，有一些伤害始终都会发生。我想，这时候有两件事情是我们可以去做的：

一、用最大的善意去揣测他人。我们要用最大的努力去相信，他人之所以做出伤害性的行为，说出伤害性的话语，只是因为他们在追求快乐的时候没有足够的智慧，不能够找到真正无害的快乐之法，而将自身的快乐建立在他人的痛苦之上，这一切都是因为愚，而不是因为恶。我们要用最大的努力去理解，他人的那一颗寻求快乐的心，是与我们自己并无二致的。所谓的伤害，只是在寻求快乐的过程中，没有找对方法。就像那两个比你小的孩子，你要相信，他们只是觉得偶尔做一些顽皮的恶作剧，是件挺有趣的事情，他们从中获得了一些小快感、小愉悦。

二、要努力减少伤害，而不是通过报复来增加伤害。既然我们已经领受了伤害，已经体会到被伤害的痛苦，已经了解施害者会被他人所厌恶与恼恨，难道我们还要去做第二个施害者吗？我们岂不是因此而成为自己所厌恶的那种人了吗？如果有机会，我们应该勇敢地表达我们的感受，令对方知道，他们的言语和行为带来了什么样的结果，告诉对方："我愿意相信你不是故意的，但是你的无心之举令我备感困扰与伤害。"然后，我们应该给予对方解释与道歉的机会，给予他们反省自己与修正自己的机会。

倘若他们仍然不知道何为正确，那么，就让我们成为那个正确的模范吧，将正直、宽容、友善，这些我们想要分享给他们的价值观全然体现在自己身上。假如他们因此而有所领悟，很好；假如依然不能，那起码我们自己也活对了，不是吗？

亲爱的Jack，谢谢你的来信，提醒了我在这个难免彼此伤害的世间，该如何自处。我们一起加油，好吗？

多多

2012年1月18日于印度菩提伽耶

给自己的信

Dear Dorophy

终于，不再在乎你怎么看我了，

因为终于不再在乎你，你眼中的一切便亦与我无关了。

告诉他们你是谁

在整个生命和心灵成长的过程里，

我们要保持对自己的觉知、对世界的体察，保持一颗清醒、光明、柔软的心。

多多姐姐：

我是一个学古筝的女孩子，平日里文文静静的我，却因为这几天和班上的男同学有些矛盾，竟变成了这些坏男生口中的“母老虎”。我想变回原来的自己，可是在这些男同学面前，我总是不由自主地变得很凶，我很烦恼。

一个烦恼的女孩杨帆

亲爱的杨帆：

你好啊！

你知道吗，我们总是通过两种方式认识自己从而形成自我意识，第一种方式是自我认知，第二种方式是借助外部的参考点来评价自己。

自我认知是我们对自己的洞察和理解，包括自我观察和自我评价，我们会对自己的感知、思维和情绪等方面有所觉察，也会对自己的想法、期望、行为及人格特征等有所判断与评估。为了能够完整而客观地进行自我认识，我们需要跟自己好好地相处，陪伴她，倾听她，观察她，要鼓励她，也要规劝她，做她最亲密无间的朋友。

同时，我们也会通过外部世界来认识自己，例如通过与他人的比较，他人所做出的评语，集体的价值观与自我价值观之间的对比等等。总体来说，就是通过自己与外在世界相处的关系，来确立自己的位置。但是很重要的一点是，我们如何认识世界，世界就会如何认识我们——如果你以一颗光明良善的心去认识世界，你所呈献给世界的，就是一个明媚善良的你；如果你以挑剔尖刻的心去认识世界，世界眼中的你也将是尖酸刻薄的。所以我们也要跟世界好好地相处，张开眼，打开心，接纳不同的声音，尝试站在不同的立场，勇敢地去了解事物的不同面向，只有这样，世界才能了解你的不同面向，你才能呈现给世界一个完整而真实的你。

如果通过以上这两个途径，我们能够对自己有一个很清晰的认识的话，偶尔个别人的戏谑话语，就变得不是那么重要了，那只是偶尔抛入池中的小石子，可能会激起一些小涟漪，但是并不能改变湖水清澈的本质，不是吗？

请记住啊，亲爱的女孩，应该由你来告诉世界，你是谁，而不是由他人来告诉你，你是谁。所以，在整个生命和心灵成长的过程里，我们要保持对自己的觉知、对世界的体察，保持一颗清醒、光明、柔软的心。

祝福你，亲爱的女孩。

多多

2012年3月30日于印度

MILE
VERY
DAY

给自己的信

Dear Dorophy

苹果树从来不曾证明自己会结出苹果，幽兰也从未急于开花。

多多小姐，你不必说服谁，不必向任何人施展任何证明，

你唯一要做的只是安静地成为你自己，

你唯一要知道的是，你是谁。

我很在乎

我听到了，你的话我很在乎，

请你也像我一样在乎你说过的话，好吗？

多多姐姐：

我叫小雨，我的家人，很不守承诺，比如我妈妈说这个星期天带我去买衣服，可是到了那一天，妈妈就像没有那回事一样，我每次都是很失望地只能在家里玩。

还有我外婆很啰唆，一件小事说一天，说来说去就那几句话，我的耳朵都听出茧子了，她不嫌烦我还嫌烦呢！我不是在批评我外婆，我只是在给她提意见。

我到底该怎么做才能让她们又信守承诺又不啰唆呢！

向多多姐姐求助的小雨

亲爱的小雨：

看到你的来信，我仿佛看到了小时候的自己。小时候的我，也常常因为大人的不信守承诺而闷闷不乐呢，感到不受重视，被欺骗，被敷衍。

大人们，尤其是父母，他们并不知道他们的每一句话，每一个行为，对我来说是多么重要，他们的言行是我所依赖、所跟循、所模仿的主要对象。父母慈爱、智慧的言行，即让我感到安全，又能帮助我宽心；而父母偶尔流露出来的冷漠或者厌烦的言行，却让我感到无比的无助与伤心。对于那个小小的我来说，父母就是天。

但那时候的我，并不会表达这种深切的感受，也不像你，可以向任何人去倾诉，只能一个人默默地生闷气，却反而被认为是不懂事、不体谅父母。直到现在，我自己也变成了大人，终于开始懂得，也许对于父母来说，他们并不一定知道，在我们的心里，有多么在乎他们的每一句话——无论是赞叹还是苛责，无论是应承还是允诺，他们也许真的不知道呢。因为在成人的世界里啊，言语太机巧、太繁多，承诺太随意、太轻薄，大人们大多不会太在意那些来来往往的言语，那些真真假假的承诺。所以啊，除非我们很郑重地告诉他们，否则他们就会忘记，自己的言语对一些人来说，是如此的重要。

同样的，你说外婆很啰唆，一件小事也要重复很多遍。其实原因也一样啊，她不知道她的话你已经听到了，并且是在乎的，所以才会一再地重复。而真正的在乎，不仅仅是答应一声，点一下头就算了的，真正的在乎，需要有所交流。如果对方说的话、所提的建议，你同意，你可以去执行的话，就去做；如果你不同意，就把你的看法勇敢地告诉她，如果你做不到她的要求，也要把做不到的原因告诉她，在交流与互动中，令对方知道，你在乎。

所以呢，试一试，以后当大人们跟你说话的时候，看着他们的眼睛，认真地听着，然后告诉他们，我听到了，你的话我很在乎，请你也像我一样在乎你说过的话，好吗?

祝福你，亲爱的小雨!

多多

2012年4月19日于印度悉巴利小镇

微笑，深呼吸

为什么要急着摘掉，这一段如寂寞的无名小花一般的，隐秘的幸福？

多多姐姐：

我现在念初一，我暗恋一个初三的男生。我清楚地知道他马上就要毕业了，过了这几个月，他就将离开。并且我也明白这样十分影响学习，特别是我现在的成绩也不是那么理想。但我总忍不住放学后在车站看他，那时总会有一种小小的满足感，尽管他根本不认识我。

我不知道怎样才能忘了他，我到底该怎么办？

文

亲爱的文姑娘：

在这个春末夏初读到你的来信，感觉很像是我手边的这一杯柠檬蜂蜜水。

亲爱的，如果你想忘记一个人，那么你最好不要努力试图忘记他。因为当你努力要忘记一个人或者一件事的时候，你唯一实现的就是不断地记起，不断地加强能量，灌注于你要忘记的那个对象，使他盘桓于心头，挥之不去。

而且亲爱的，你为什么非要忘记他呢？为什么要忘记这一个让你多年之后想起来，仍然会报以微笑的少年？为什么要嘲笑那一个多年之后回忆起来，竟让你又疼又惜却再也无处可觅的自己？为什么要急着摘掉，这一段如寂寞的无名小花一般的，隐秘的幸福？

在我们的小人生里面，有很多被认为是很重大的事件，例如考试、排名、升学、毕业、求职……在急急奔向光明的大世界的路上，是的，有很多东西我们需要舍弃。但是舍弃，不等于漠视与扼杀，舍弃不是放弃，而是选择，是一一经历，细细思量之后的抉择。所以啊，在奔向大光明、大结局之前，我们一定要珍惜那些提灯四顾的岁月，不要害怕迷茫的感觉，不要拒绝酸痛的味道，不要急着匆匆往前赶。

如果有一些人一定要出现，就与他相会吧；如果有一些事情一定要发生，就让它粉墨登场。不正是这些人、这些事，组成了那个被我们称之为“人生”的东西吗？你不应该躲过它，而应该穿越它。然后你就会懂得，如果有一些人一定要离开，我们只好优雅地送他离开；如果有一些事一定会结束，我们也只好微笑着看它结束。趁我们还年轻，趁我们还勇敢，对生命说Yes吧。

所以啊，那一朵寂寞的小花，就让它自然地开放在你每天经过的路旁，不要去摘除，也不必去浇灌。每一朵花，或者每一苞心事，开，有开的时候，谢，有谢的时候。你要做的只是深呼吸，然后微笑，放轻松。

祝福你，亲爱的姑娘。

多多

2012年4月22日于印度悉巴利小镇

我是那个唯一的小孩

大人们也许早就已经忘了，

快乐不是一个地方，而是一个方向。

多多姐姐：

你好！我是四年级的学生，我有一个烦恼。我在班里是班长，但我的学习成绩为什么老考不了第一？每年三好学生是拿成绩来评的，我总得不上，每年都是优秀班干部。我最喜欢给老师和同学帮忙了，老师也喜欢我，说我是她们的小帮手，妈妈老嫌我成绩不是第一，怎么办呢？

H·J

亲爱的H·J：

为什么父母总是希望我们拿第一呢？你问的，也许是很多孩子心中都存在的问题。

我相信，每一个父母最希望孩子得到的，其实是快乐。只是啊，在成人的世界里，快乐需要好多好多条件，例如稳定的工作、丰厚的收入、个人的成就、完整的家庭、良好的社交、有尊严的社会地位……而这一切，他们认为跟童年、少年时期的知识积累、能力锻炼、人格教育都有着密切的关系——他们无疑是对的。

只不过，大人们要面对的问题实在是复杂而繁多，他们没有足够的时间与耐心，了解每一个孩子的成长状态，于是他们就发明了一种貌似科学，其实完全是出于懒惰才采用的分析方法——排名。有了排名，家长们就大概能知道自己的孩子和他人相比有多出色，或者多落后了。这其实有点像天气预报，大人们宁愿根据电视里天气预报提供的数字，来决定出门该穿什么衣服，却甚少愿意把门打开，亲身体会一下和风的温度。

孩子啊，大人们也许早就已经忘了，快乐不是一个地方，而是一个方向；快乐不是你们长大之后拥有一切之后才能领取的奖赏，而是你们能够健康成长，学有所成的基本条件。

所以亲爱的孩子，你应该邀请你的父母坐下来，以与你平齐的高度，和你谈一谈。你可以这样告诉他们：

亲爱的父母，我了解你们最希望给予我的，是快乐，你们希望我拿第一，是因为你们觉得只要拿到了第一，我就会拥有一个很快乐的未来。但是那个“第一”，是永远都拿不完的。班级有班级的第一，年级有年级的第一，学校有学校的第一，城市有城市的第一，国家有国家的第一……我的快乐，难道一定要建立在“别人比我差，我比别人强”的基础上吗？我不想要这样的快乐。

世界上有那么多的小孩，为什么只有一个小孩才配得到你们认为的那种“快乐”和“光荣”呢？一定不是这样的，我相信，这个世界比大人们所以为的更公正、更平等，它赋予了每一个小孩，同样的爱与信赖，它允许他们以自己的方式成长，并达成他们各自的使命。

现在，我很想告诉你们，其实我已经拥有了一个很快乐的现在。

我有很爱我的父母，有相处愉快的朋友，也有关心、欣赏我的师长；我有特别喜欢的课程，也有很擅长的课余爱好，我有我小小的理想，我也有我傻傻的善良，这些让我快乐的理由，虽然无法在学校的排名中体现，但是它们的确存在呢，它们的确是我短短人生中非常重要的组成部分呢！我也许不是一个完美的小孩，不是一个总能拿到第一的小孩，但我是那个唯一的小孩啊，谁也不能代替我的存在。请不要仅仅根据一个数字，就定义了我，请蹲下来，了解我，请信任我，信任你们的孩子。

亲爱的孩子，不要以为只是父母在教育孩子，有时候，我们也需要将我们与生俱来的单纯与勇敢、正直与善良，一点点地教给已经忘记生命之本来面目的父母们。你愿意做他们的小老师吗？

祝福你！

多多

2012年5月21日于北京飞往广州的航班上

给自己的信

Dear Dorophy

恋爱中不要问“凭什么要我为你改变？”

是我们本来就想变成一个更美好的人，

因为刚好有他在，所以有了更正当的理由。

改变，不是为你，是为了我自己的修炼。

只要热爱就够了

生命中一定还有其他事物能够焕发出你最大的热爱。

多多姐姐：

我是学钢琴的，今年报考了七级的考级。钢琴老师说我的基础不太好，所以，我每天从早上练到下午，晚上还练，一天下来要练五六个小时，几乎都没有出去玩的时间，好累啊！可每次课上老师还是不太满意。我也感觉状态不好，整天筋疲力尽的，但不练又担心会更糟，担心考级通不过。我真不知道该怎么办！

李水灵

亲爱的水灵：

你的钢琴都要考七级啦，真厉害！

我小的时候也弹过钢琴，但是从来没有考过级，还拉过小提琴，也从来没有考过级。弹钢琴是因为，母亲的朋友是位钢琴老师，一天他送给我们家一台旧钢琴，说要是喜欢就留下来，要是不喜欢以后可以还给他。那时正在上小学三年级的我，并不知道自己喜不喜欢那个挺占地方的庞然大物。大概这位老师也看出来了，所以他一开始并没有教我什么指法、练习曲，只是先教我弹《献给爱丽丝》的第一小节，他说，你要先喜欢上钢琴，喜欢上音乐才能去学好它。

后来，我每天有了空，就弹钢琴玩，但我弹的不光是《献给爱丽丝》，我还会自己“作曲”——我会自己想象森林里的动物聚会，为不同的动物出场配上音乐，用音乐讲一个故事给自己听。当然，不知情的人听了我的“弹奏”只会觉得那是一种杂乱无章的奇怪噪音而已，至今没有人知道兔子和狐狸是怎么和解的，也不清楚天鹅其实跟孔雀偷偷相爱了。

再后来，就没有后来了，我最终发现弹钢琴赶不上我的想象力，还是觉得看书更精彩、更好玩，所以放弃了弹琴。母亲也并不强求，请来了工人，把钢琴搬走，还给了她的那位朋友。

过了好多年，我上了高一。有一天，在一个无聊的周末午后，我在听我最爱的偶像周华健的磁带，里面有一首歌《不愿一个人》，突然觉得如果能把这首歌用小提琴拉出来，一定会很棒。于是我跑去跟父亲说，给我买个小提琴吧。父亲知道我是一时兴起，就给我买了个最便宜的小提琴，让我去玩。母亲很认真地帮我联系了教琴的老师，老师说，学琴最好是两个孩子一起来学。于是我找到了当时班上最好的朋友，说，小提琴好听，我们去学吧。她竟然糊里糊涂答应了。接下来的高中三年，每周五和周六，我和好朋友都要去学琴，直到高考结束，要离家上大学。

三年来，我们只会拉练习曲，常常是把位不对，音调不准，节奏混乱，但是心里美啊！我们常常手挽琴盒，骄傲地走在街上，走到僻静的地方，就一起哼唱当时的流行歌曲，哼着哼着，就到了老师家的楼下。上课时，我们会笨拙却认真地一遍一遍练习，专注的时候，课业的繁重、高考的压力都全然被忘却了，世界就在四根琴弦之间生动着。下了课，我们就拿着从母亲处讨来的零花钱，一起去喝红豆糖水或者吃碗云吞面，然后各自满足地回家。至于能学些什么高难曲子，技法是否纯熟，将来能考几级，我们竟从来没有想过，因为那个当下就已经足够快乐了。回想起来，那段时光是我们紧张的中学时代里最美好的记忆。

说了这么多，其实我只是想告诉你，音乐是生命中很美好的东西，音乐是人类想象力的表现，是爱与美的载体，是心灵与心灵之间超越语言的交谈，却唯独不是技巧与技巧的比拼，不是级别与级别之间的较量。

考级，其实考的是你对钢琴、对音乐的热爱。如果钢琴不是你的最爱，你要相信，生命中一定还有其他事物能够焕发出你最大的热爱，那就放下钢琴，去把它找出来。如果钢琴就是你的最爱，而他们听不懂你的爱，没有给你一个级别作为证明，那是他们的问题，钢琴没有辜负你，它已经在你的十指飞扬的当下，给了你最好的回报，它也在你神情专注的那个当下，给予了你最深切的喜悦。

祝福你，水灵的孩子。

多多

2012年6月23日于五台山

给自己的信

Dear Dorophy

所谓爱的能力，

应该包括“我们能不再联系吗？能。”

的那种能力。

努力成为光

哪怕是一万年之久的黑暗，也会在光芒出现的那一个刹那顿然消失，

我们要做的只是，努力成为光。

多多姐姐：

您好！我是一名高一女孩，最近心情一直不好，原因是我没进文科尖子班，只进了普通班。

这个班风气不好，我曾伤心、绝望却又没办法，现在慢慢地开始调整过来，想进入好的学习状态。但是，每次当校长、教务主任经过，批评我们班最差时，当体育老师讽刺我们“班与班的差距真大”时，我就会烦恼一整天！书也会看不进去。

最近我们班与文尖班在人人网上吵起来了，原因是我们与文尖班篮

球比赛时，他们班被我们班打得很惨，他们就在人人网上发表了一篇很侮辱我们班的文章，他们转来转去，我们班气愤到了极点，打印出来报给校长，但校长来到我们班两节课，批评我们，说难道还要让他们给你们写检讨吗？好多同学都哭了，真的很气愤又无助，因为这件事我一整天都没有看书。

请姐姐指点。

蝴蝶舞

亲爱的蝴蝶姑娘：

看到你的来信，我也感到十分气愤，看到你们学校的教育工作者们竟然以成绩的好坏来评断道德的是非，可以想象，在他们心目中，教育与人格的教化、人才的培育无关，而仅仅是提高分数与升学率的手段。

我不敢想得更远，在这种教育思想下成长起来的一代人，当他们成为中国社会的主流人群，这个社会的公平与公义会不会荡然无存？那时候，财富和地位会不会取代法律与公德，成为社会审判的标准？

所以亲爱的，我们都不能让这种事情发生。我们不能在别人对我们说“你不配”的时候，就木然地接受，我们永远不能放弃对平等机会的寻求。平等是从人类的正义理想中引申出来的最基本原则，正义的本质就是平等。而教育平等，是人类平等理想中的重要内容，是现代教育的重要基础。本来存在重点校（班）与薄弱校（班）的现象，就是由于历史和政策原因而形成的，已经使得重点校（班）与薄弱校（班）之间在资源配置、教育质量方面有巨大差异而导致教育的不公平。倘若由于这种不公平教育机制的存在，进而发展到对人格与尊严之平等性的漠视，并将这种不公平视作理所当然，我们就不得不为此发出反对与谴责的声音。

与此同时，我们还要知道，20世纪以来的科学和哲学的发展，肯定了人与人之间存在智力或能力的差异，但学者、智士们认为这种差异并不表现为好坏、高低、贵贱之间的差异，而是多样化的表现，并进而认为承认差异、适应差异和多样性的平等才是真正的平等。所以，平等机会并不确保，亦不要求有结果均等。我们深知因为能力不一，大家即使付出同样的努力，结果也会有所不同。只有在公平的机制下，每个人才能勇敢地为他自己负责，承担因能力差异而带来的不同结果。但若机制本身缺乏公平，则每个人都有理由推卸其自身的责任，决绝自我的反省，教化则亦无从入手了。

亲爱的，可是在气愤之余，我们也要知道气愤是无用的，我们首先要深刻认知自身所拥有的智慧与潜能，才能体认那份人类尊严，才能为维护那份尊严而努力。所以不要哭，更不要因为不公而放弃本属于你的学习机会。相反，我们要更加热情地学习，更加勇敢地展现自己的特质与才华，更加坚信我们应该成为打破不公的正面能量。

亲爱的，请相信，黑暗不是一种“存在”，而是一种“不存在”——黑暗，乃是光的不存在。所以，不要因为黑暗而沮丧或恐惧，哪怕是一万年之久的黑暗，也会在光芒出现的那一个刹那顿然消失，我们要做的只是，努力成为光。

我们一起加油吧！

多多

2012年7月19日于北京

给自己的信

Dear Dorophy

并不是不安分，而且也不可能每一种人生都真的尝试一遍，

只是呢，偶尔生起一念——这已经开场、也渐渐演得入戏的人生，

原来仍还有其他的可能性，这件事，

真的会让人有那么一瞬间，恍如少年。

厌世的班长

当心正直了，见地就不会偏颇；当自我正直了，世人就不再可厌；

当每个人都正直起来，我们这个社会的价值观就一定会得到改善。

多多姐姐：

我现在上初二，学习成绩很好，初一时同学投票，我当上了班长，但就是这个班长，给我带来了无穷无尽的烦恼。

说实话，我是一个非常懦弱的人，从小学起，就被同学欺负，甚至还会被女生欺负，他们给我起了个很难听的外号“×（我的姓）阿姨”！（我是个男生）我真是恨透了他们。

我在班里也是一点威信都没有，管纪律也没用，老师说我害怕得罪人，同学们又整天拿我开玩笑，我想我是班长，所以总是压抑着心中的怒火，有时候真想上去给他们一拳，但最终还是忍住了。我不知道自己这是度量大呢还是真的很懦弱，现在的我被他们弄得一点尊严都没有，班长也快当不下去了，如果再继续这样的话，我就快得抑郁症了。

希望多多姐姐能帮帮我，谢谢您！

求助人：厌世

亲爱的“厌世”先生：

在回答你的问题之前，我想先问你一个问题，你觉得班长意味着什么？

我也专门去查阅了一些针对中小学生做的调研报告，报告显示，在大部分中国孩子们的心目中，“班干部”就像是班级中的官员，当上班干部就意味着以下这几个关键词：威风，神气，特权，能和老师套近乎。亲爱的“厌世”先生，你也是这么认为的吗？

我对调研的结果并不感到十分意外，因为这种想法在我还是小孩子的时候，就非常盛行。但令我难过的是，二十多年之后，在儿童教育理应有所发展的今天，家长、老师们普遍都还没有意识到这种成人世界功利的价值观，这种官僚式的管理机制，会给青少年心灵以及价值观的形成带来多大的伤害。

“班干部”其实也并非中国特有。我在资料中看到，韩国、日本、马来西亚等亚洲国家的中小学都有类似“班干部”的角色。但是在这些国家中，“班干部”并不是班级中的“管理者”，而是同学们的“服务员”。以日本为例，班级中的班干部构成一般包括班长、摆放桌椅管理员、分饭管理员、扫除管理员、黑板报管理员、电源开关管理员、鞋柜鞋箱清扫员、失物管理员、保健员。在这种情况下，当上班干部，就意味着，需要运用自己的特长与天赋，更多地为同学们服务，同时培养自己自律、谦逊、严谨、肯于付出的美好品质。

还有一种教育体系，则是欧美国家的教育体系。在收到你来信的此刻，我正好身处国外，和一群来自欧美国家的朋友们在一起。我一一询问了他们，“班干部”在他们的教育体系里，是什么样的角色？其中一位德国朋友告诉我，在他小时候，他就是一位班长。而班长的角色，就是做学生的“代言人”——他要负责收集同学们对老师的教学质量，对班级的图书与设施，对班级的管理方式等各方面的意见，统一反馈给老师或者校长，好让校方能有所改善。

我问他，为什么同学们不能直接反映问题，他说，那是因为有些同学会害羞，会担心校方对他们个人有意见，或者问题太多需要梳理和整合，作为班长，则可以对校方直言不讳，校方也不会针对班长个人有任何不满。所以班长，就是一个很好的“代言人”。在这种情况下，当上班长，就意味着，需要培养自己的公平、正直、友善、细致、承担的美好品质。

而当我问到一位美国朋友，在美国“班干部”负责什么的时候，他却一脸茫然。他告诉我，他们根本没有班干部，小学的时候，还有一个“班”的概念，到了中学和大学，甚至连“班”都没有了，同学们可以选修不同的科目，所以并不是固定在一个班级内学习。但是在美国，虽然没有班干部，却有学生会的“干部”。在美国，学生会是一个完全独立于校方行政的学生组织，主要功能是维护学生权益，作为学生与校方以及上级部门之间的沟通渠道。而每次学生会的改选，就像是一次小型的美国总统竞选。

候选人首先需要组织自己的竞选团队，需要提出自己的“政纲”，需要有自己的竞选口号，需要组织各种竞选宣传活动，还有在财务上提供完整的“竞选花费明细单”。在美国学生会的存在，除了有效维护了学生权益，协助校方管理之外，很重要的一个作用就是，帮助孩子们从小培养民主意识，培养对规则、法律的尊重，培养对人权、物权的重视。

亲爱的“厌世”先生，对不起，说了那么多，其实我也十分清楚，不可能让你一个人去对抗整个中国社会的教育制度，以及价值体系。我十分清楚，让你一个人去承受同学们对“班干部”的错误理解，以及由这种错误理解而带来的偏见，是不公平的。

只是当你提到了“威信”“尊严”，并因为你的威信和尊严没有得到重视，而产生了“恨”“怒火”“抑郁”，我感到非常同情，我希望以上所介绍的种种，能够帮助你了解偏见的根源，我也希望你能了解，这种误解与偏见同样根植在你自己的内心之中——如果你深刻地认为班长的工作仅仅就是以“权威”去“管理”和“得罪”同学们的时候，你又怎么能够怪罪同学们从一开始就对“班长”这个头衔有所抵触呢？

所以，亲爱的孩子，不要因他人和自己内心的偏见而厌世，当心正直了，见地就不会偏颇；当自我正直了，世人就不再可厌；当每个人都正直起来，我们这个社会的价值观就一定会得到改善。我们一起加油吧！

多多

2012年12月4日于印度菩提伽耶

女生之间

我们明明可以更自由，又何必身陷于虚设的囹圄。

多多姐姐：

不知为什么，我的一个朋友，她的一举一动，都会令我愤怒。有的时候我会嫉妒她有一个那么好的家庭，父母是那么爱她，疼她；有的时候我还会嫉妒她考试的分数高过我，我很没面子；有的时候我的男友告诉她一些我不知道的事却不告诉我，我就觉得当初我不要和她认识该有多好……

可我知道这一切都是我自找的，都是我自己胡思乱想的。很多时候我怕这个朋友抢走属于我的一切，我很努力去争取不要被她抢走，可有些东西好像动摇了，我不知该怎么办！

多多姐姐，告诉我该怎么去做，我讨厌她了，不想和她在一起，我这样去想她到底对不对？是我自己胡思乱想，还是她就是一个不适合和我在一起的朋友呢？其实很多时候我们很开心，可是她偶尔会小气到哭，小气到不理人，我不知该如何是好？

亲爱的姑娘：

在各种情绪之中，嫉妒真的是很不一样的情绪呢。

先说爱与恨。爱一件事物，产生贪着，若是得到那样东西或者那个人，能给自己带来直接的快乐。恨一件事物，产生厌恶，若是能够远离或者舍弃，也能让自己免于伤害或苦恼，因而快乐。

而嫉妒呢？没有什么东西是你真正得到或者失去的。被嫉妒的对象，无论TA得到或者失去了什么，其实都与你无关，却让你产生了各种相应的情绪——亲爱的，你把自己的苦乐，假予他人之手了。

其实嫉妒的根源，在于比较。哲学家纪伯伦曾经如此说道："只有在我以下的人，能妒忌我或憎恨我。我从来没有被妒忌或憎恨过，我不在任何人之上。只有在我以上的人，能称赞我或轻蔑我。我从来没有被称赞或被轻蔑过，我不在任何人之下。"我们就是这样，妒忌在我们之上的人，又轻蔑在我们之下的人，我们无时无刻不在称量与比较，而且往往只跟亲近而熟悉的人比，因为有着相近的经历，所以觉得彼此之间具有可比性。

然而，我们明明有着我们自己独特的人生啊，正如纪伯伦所说，我们既不在他人之上，也不在他人之下，我们跟谁都没有可比性。我们明明可以更自由，又何必身陷于虚设的囹圄。

如何去发现自己的独特性呢，不要借助外在的参考点。你有没有留意到，如今很多刻意追求独特的年轻人，他们会说："啊，我要得到那件衣服，我要做个那样的发型，我要像他们一样另类。"如果"像他们一样"又如何能算是"另类"呢？所以说，外在的参考点，是如此具有欺骗性。

发现自己，应依靠自身的觉察与省思，依靠内在的反观自照。当你提笔给我写下这封信，这陈述本身，其实就是一种自我观察，亲爱的，你是一个很有觉察力和反照力的孩子，这就是你的优点，而这种能力是他人无法抢走的，不是吗？当你渐渐发现自身所具备的各种潜能，你就会越来越有自信与安全感，因为内在的潜能与品质，都不是用"抢"就能得到，或者因他人来"抢"而会失去的。

而说到对治嫉妒心，我觉得最有效的方法是，学会欣赏。我曾经在我的书里写到过："嫉妒是最坦白的认同。人们嫉恨你，很多时候是因为，你成为他们最想要成为的那种人。虽然在情绪上，他们与你为敌，但在意识上，他们却与你有着相同的价值取向。"请仔细想想，当你嫉妒他人的时候，是不是其实也是想变得和她一样呢？细细去发现这种认同感，把它转化成欣赏，转化成为他人已经得到自己所向往之境，而真诚欢喜的气度与胸怀。如此，你将成为最迷人的女子，拥有世间最宝贵的德行。

亲爱的姑娘，我愿你能发现自己，接纳自己，提升自己，成为这世间难得的安详。这是我们女性，对世间的一份供养。

多多

2013年3月26日于泰国素可泰

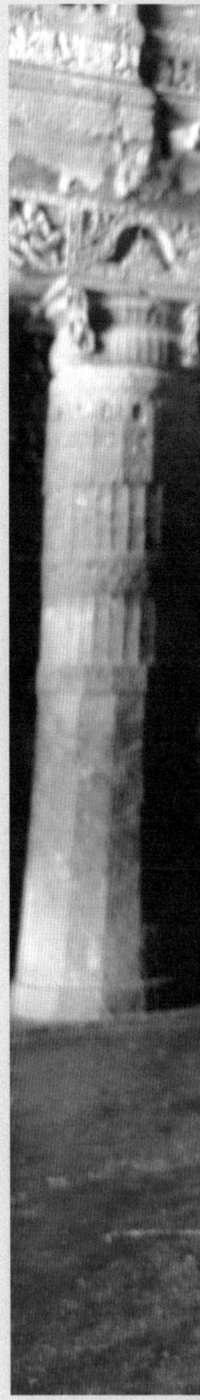

给自己的信

Dear Dorophy

所有担心没有未来的恋情，都是因为根本没有今天。

多多小姐，爱是投入，不是投资，爱是动词，不是赌资。

当你确定你在爱着，你已经得到了世间最大的红利。

没有人可以挟持你

请一定要相信，

你身上拥有种种未被染污的好，你心里拥有更多未被挟持的自由。

多多姐姐：

我的父母有个朋友，他的儿子和我在一个学校，但是他的学习成绩比我好，我的父母就把我和他比，我在努力地追赶他，但是结果却不尽人意。于是我的父母就对我说："不想上，就去干活。"而且，他们还不相信我，每次我在学习时，他们都说我在玩，还动不动就骂我。我的自尊心很强，每次他们骂我，我只能偷偷地哭，因为我如果当着他们的面哭，他们就会说："还有脸哭？"然后，他们还限制我说话，不让我在别人面前丢他们的脸。我该怎么办？

亲爱的小孩：

看到你的来信，我觉得难过极了，为你的父母感到难过。

从你所描述的情境以及他们的态度、语言方式看来，你的父母，他们首先是不快乐的。

可以想象，他们跟这个社会上大部分的人一样，跟正在为你写回信的我一样，自幼年时期起，我们就一直被赋予各种要求，各种期待。我们甚至在还没有出生之前，就首先被期待是一个男孩，我们最好要学而优，然后仕途亨通，光宗耀祖，最后青史留名。当初“我愿我儿愚且鲁，无灾无病到公卿”的单纯愿望，也最终变成了“少壮不努力，老大徒伤悲”的警告。

而当我们在现实层面已经屈服于家族与社会的期待，在精神层面他们还会期待，我们内在的忧乐与天下的忧乐相比，可以忽略不计，个人必须屈从于集体，却无人深思集体乃是个人的集合，不重视个人价值的集体，只是一个虚妄的空壳。我们这一代人，成长于一个群体意识掩盖个体意志的社会，我们分不清哪一个是自我蓝图，哪一个是家国梦想，我们互不关心他人的真实需要，也不允许自己停下来思考自己的真实愿景。

在各种不加解释、不予理解的要求与期待之下，我们这批孤独的小孩变成了专横的大人，变成了缺乏自我认知能力，缺少个体尊重情怀的可怜大人。

在成人的世界存在这样两种比较典型的人：

其一，他总是过分被外界所影响，追逐并依附主流价值观，过分需求外界的认同，从众，不自信，缺少独立性。

或者，他总是要求外界顺从他的意愿，总试图改变他人，要让身边的每一个人认可他的主张与观念，自大而具有侵犯性。

这些品性，都与缺乏自我认知不无关系。在他们的世界里，缺少“求同存异”“和而不同”的概念，他们恐惧与他人的“不相同”，更加惧怕“不如人”，必须改变自己以趋同他人，或者改变他人以认同自己。

亲爱的小孩，你能理解成年人的苦吗？那种只有在比较和竞争中才能确立自己存在的苦，那种深深恐惧不被认同与接纳的苦。正因为被这样的苦所挟持，他们才会把你置于他们的评价体系，把你变成一个参数，而不是一个独立的人。

亲爱的小孩，你当然不是他们说的那样一无是处！但也请你一定相信，他们绝对没有真的认为你一无是处。即使他们说出那样不顾你自尊心的话，也一定是出于爱，他们希望你能在他们所处的那个价值体系中，获得成功与认同，这样就可以远离于他们所遭受的苦。所以无论他们做了什么，说了什么，无论他们使用的方式是否正确，父母最初的用心，一定是希望你快乐，远离痛苦。

亲爱的小孩，请一定要相信，你身上拥有种种未被染污的好，你心里拥有更多未被挟持的自由。请为你自己悄悄准备两个笔记本，好吗？一个用来每天写下一条你所发现的自己的优点。不是为了证明给任何人看，不需要任何人认同你所写的话，只是为了自我发现，自我认识，自我珍爱。然后，请在另一个笔记本上，每天记下一条你在生活中发现的美好，或者在他人身上发现的优点，不是为了讨好任何人，不需要向任何人求证，只是为了学会欣赏和尊重，学会超越攀比与竞争的思维模式。答应我，尝试一下，从明天开始。

亲爱的小孩，你要勇敢地走出成年人早已迷失其中的怪圈，勇敢地寻求真正的快乐与自由，终有一天，你会回过头来拯救我们的，加油！

扎西拉姆·多多

2013年5月6日于印度汐巴利小镇

给自己的信

Dear Dorophy

寻找完整的自己，这是一个没有目的地和时间表的旅程，

你不会寻找到一个现成的、完整的自己，寻找本身就是在完整你自己。

寻找是一个不断地打破与建立的过程，是怀疑与信仰的交织。

这个过程很孤独，也很销金蚀骨。

成为你寻找的那种人

没有人应该孤独地活在世上，

真正的善友，是无与伦比的珍宝。

多多姐姐：

我是一个比较孤僻的人，同学们说我冷冷淡淡的，也不热情，只对个别朋友比较好。我也不否认，不过，我的朋友真的很少，而且没了那几个朋友，我连一个可以说话的人都没有了。

我的脾气也不好，每次刚认识新朋友的时候，我对他们都挺热情的，不过只要过了几天，摸清他们的脾气后，便会觉得她们不可靠，对我也不真心，感情就开始变淡了，或许我要的是一个对我不会反抗的“娃娃”朋友吧。但是，当我想要出去玩的时候，竟然会连一个可以和我一起出门的伴儿都找不到，我该怎么办？

多多姐姐，我该怎么办才好？朋友，我想要，可是我却又总是会看到她们的缺点，觉得自己没法和她们沟通，我不喜欢朋友，却又渴望朋友，唉！多么矛盾的想法。

亲爱的孩子：

你知道吗？我其实是一个很爱“交朋友”的人，但我的朋友也不算多。因为我爱的是那个从陌生到熟悉，从交往到交心的过程，而不是爱到处结识许多朋友。

在我看来，朋友是非常重要的人生组成部分。和家人、同学、同事不一样，朋友是彼此自主选择的结果，而不是在某种血缘关系或固定组织架构下，必须永远或暂时保有的固定关系。对朋友的选择，反映了我的个人价值观，我的审美情趣，我的嗜好特长。同时，朋友圈也会反过来影响和塑造我的价值观、审美情趣和嗜好特长。所以，在选择朋友的时候，我知道我也是在认识自己。不仅仅是与我气味相投的朋友显示了我的特质。我还必须承认，那些让我反感、抗拒、恐惧的朋友，他们其实更深层次、更真实地反映了我的现状——那些我们一直抗拒的东西，很可能正是我们身上隐秘存在着的沉疴。

例如，我一向反感傲慢的人，反感那种不可一世、好为人师的姿态，不愿意与这样的人交往。可在一次与一个傲慢的人一番争论与切磋之后，我深刻地发现，我之所以会被傲慢者激怒，是因为他们伤害了我的骄傲。只有在谦卑的人面前，我的骄傲才能得到很好的保护和纵容，而我所反感的人，恰恰是我自己的一面镜子。

又例如，我一向抗拒尖酸刻薄的人，对他们身上的小人之气极为不耻。可当我冷静地观照我们彼此的关系时，我发现的其实是我自己内心的恐惧化作了表面的不耻。因为刻薄之人，总是能准确地将我身上的问题，用鸡蛋里面挑骨头的精神无限夸大，令我不得不直面，不得不重视。而我抗拒的，其实是那个被发现充满问题的我自己。

当我认识到与人交往，不仅仅是为了做伴、消遣之后，我便开始学会了珍惜各种人际关系所带给我的启发与洞见，即便最后两人无法真正成为朋友，我仍然感恩曾经有过的相处，曾经打过的交道。因为有了这一份感恩，性情上也就渐渐变得柔和而友善，由此，心也变得开放而自在，更能够让他人进入自己的内心，也更愿意带着善意步入他人的内心，真正亲密无间朋友，才开始纷纷在生命中出现。

没有人应该孤独地活在世上，真正的善友，是无与伦比的珍宝。他们是你前进路上的助伴，是你黑暗岁月里的星光，是你狂妄时的清凉，是你冷酷时的太阳。最最重要的是，真正的善友，可以全然接纳那个本来的你，你在他们面前可以不矫饰、不扭曲、不遮掩、不躲藏，放心做自己。

亲爱的孩子，你觉得这样的朋友是不是很好，这样的人是不是人人都乐意与他为伴呢？那么，你愿意成为这样的人吗？你愿意学习接纳每一个不完美的他人，并用你的接纳去成就一段完美的情谊吗？只要你愿意，我相信你也可以是最好的善友！

祝福你，我的孩子！

多多

2013年5月23日于印度喜玛雀汐巴利小镇

给自己的信

Dear Dorophy

每一刻都是独一无二的一刻，无论你喜不喜欢，

多多小姐，它都不会再来了。

好好去玩

你所欲求的，未必都能得到，

只有你心中的热爱，谁都无法夺走。

多多姐姐：

你好！

我是一名初三的学生，我妈妈天天让我学习，我们总是吵架，每天至少要吵一次。我好累，真的不想和她吵。不管我做得怎么样，她总能挑出毛病。她给我规定了每天的任务，我开始时完成了，可是她还是能挑出毛病，要么就是在我玩的时候检查和考我。有一次，我们有事，所以她就要压缩我玩的时间。凭什么？我就不，我觉得完成了就好了。后来，我就不完成了，反正完不完成都一样被训，结果吵得更凶。我真的不想吵下去了，可以帮帮我吗？

亲爱的小玩童：

我觉得你和妈妈完全不必要争吵啊，她希望你天天学习，你希望天天都能有玩的时间，这两者，其实并不矛盾，因为会玩，玩得专注，玩得艺术，玩得具有创造性，这本身就是最好的学习。

当父母们谈到“学习”，他们往往想到的是看书，背书，做习题，学习的唯一目的就是分数分数和分数。然而死记硬背其实是一种非常低效的学习模式，与其通过一次次乏味的简单重复，把头脑变成文件柜，不如在头脑中创建你的知识脉络，用兴趣爱好，将相关知识转换成体验与实证。

所以关键就在于，你要玩什么？怎么玩？

当你打篮球或者溜冰时，你是否会想起基本的力学原理，并试着运用这些原理，让自己玩得更得心应手？当你看美剧或者好莱坞电影时，你是否会留意特别有用的美式俚语，或者借此练习你的听力？当你在网络论坛上和别人吐槽社会现象时，会不会顺便搜索一下历史上各国有过怎样的社会变革？当你听到一首周杰伦的中国风歌曲时，会不会想要深入了解一下歌词用了哪些古典诗句？如果你想“玩”得足够专业，你自己就要主动地寻找相关知识作为你的支持；如果你“玩”得足够投入，你也自然会在玩的过程中大有裨益。

你还可以邀请你的妈妈加入你的学习“游戏”，这个时候，你就可以反过来考考她了。你可以调皮地对她说：“妈妈，你知道吗？其实周杰伦的《东风破》严格来说，并不是古词牌名称。破，是写词的一种手法，即刻意打破原先词牌的节律，最典型的如我们学过的《摊破浣溪沙》《木兰花慢》。也有人认为东风破的‘破’应该就是曲破，是指一种词调，宋朝江浙一带盛行这类琵琶曲，多填唱而演变为词牌。所以，东风破不是严格意义上的词牌，应该是词调。词调是指词的曲谱，词调名又称为遍、序、歌头、曲破等，都表示它是出于大曲……”你想想，当你和妈妈聊起这个，她会不会很惊喜？

以上说的，都是“玩”与“学”的结合，若抛开所有功利的“有所求”的思想，仅仅是培养生活中的一些“闲趣”，其实又有何不可呢？对生命的热爱与欣赏，使我们可以拥有的最大的财富，而这恰恰来自于对闲情逸趣的培养。

明末清初散文家张岱，博学多才，著有《夜航船》《陶庵梦忆》《西湖梦寻》等作品，他曾说过：“人无癖不可与交，以其无深情也。”清初张潮，著有《说快续笔》，他更认为：“花不可以无蝶，山不可以无泉，石不可以无苔，水不可以无藻，乔木不可以无藤萝，人不可以无癖。”生命中一定要有所热爱，有所癖好，切莫轻易将自己变成一部社会机器，心如木石。在我的身边，有很多成年人，就是因为不会“玩”，在每天辛苦上班的时候，感到厌倦和烦躁。可当他们有机会放假休息的时候，却又感到深深的空虚和茫然，始终不得安然与喜悦，童年时的游戏之乐，已经成为永远的回忆和叹息。

所以呢，亲爱的小玩童，在书本知识之外，我们其实更需要学会欣赏美好，学会自得其乐，学会特立独行，学会没有任何功利性地全情投入。因为啊，当你长大你就会发现，你所欲求的，未必都能得到，只有你心中的热爱，谁都无法夺走。

让我们活出一个尽兴的人生吧！

多多

2013年5月31日于印度汐巴利小镇

不计得失的付出，留给神去做，我是要计的。

而且我计得很现实，计的只是这个当下——

在我做决定的这个当下，

甘不甘心，快不快乐，相不相信自己是对的。

给自己的信

Dear Dorophy

没有人会苛责你

在不能两全其美的时候，坦然地抉择，

哪怕仅仅能令一个人欢喜，也已经足够值得。

多多姐姐：

您好！我爸爸妈妈离婚后，我一直和妈妈住，这次暑假，我碰到了一个难题，就是到底和谁去旅行？

如果和爸爸旅行，就是免费的，还有妹妹陪我玩，那么妈妈怎么办呢？她只能一个人在家。如果和妈妈一起旅行，便会有我的朋友和我一起玩。虽然我和妈妈已经说好了一起旅行，那爸爸那边怎么办呢？

纠结的child

亲爱的小孩：

是啊，我们的人生，总是充满了抉择，充满了左右为难与好坏参半。亲爱的小孩，也许一次小小的旅行，只是这不完美的人生的开始。

要知道，无论我们多么仔细地衡量，无论我们多么用心地计划，无论我们多么努力地要把爱不偏不倚地给予每一个人，总有一些状况，会让我们无能为力。直到有一天，我们终于学会了这一点，我们无法令所有人都满意。由此，我们应该进一步懂得，也没有人应该应份地永远令我们满意，因为每一个人都有他的情不得已。

千万请不要把这一份领悟，当成无奈人生里的坏消息啊，我的孩子，这其实是最能让你获得自由的一味良剂。

很多时候，我们之所以会被困，往往是被“期待”所困——被自己对他人的期待，被他人对自己的期待所困。当无法实现期待，我们会觉得失望、痛苦。然而即使实现了期待，也不见得我们就能全然满足，因为“期待”在被实现的那一刻，就会马上被提高，变成下一个更难以实现的期待。这就是“期待”这件事在我们心里运作的方式。

但我并不是说“那我们干脆什么都不要期待好了”，因为，说了也做不到，有所期待是我们的天性，也为我们订立了努力的方向与目标。我们仍然可以期待那“最好”，只是也要准备接受“最坏”的结果，这是我们唯一可以做的。

我们致力于实现完美，却也同时接纳不完美的存在；我们对世界满怀心愿，却努力不抱期待；我们追求，但不苛求。这样的人生，才是一个勇敢而自由的人生，才不至于偏执而沮丧，不是吗？

要想成就那样的人生，我们就要从现在开始，珍惜生活中每一次遇到的困境与挫败。我们真心以对，全力以赴，然后在不能两全其美的时候，坦然地抉择，哪怕仅仅能令一个人欢喜，也已经足够值得。那么，就从这一次旅行开始吧，无论你选择了和爸爸还是和妈妈去旅行，都要好好珍惜和他们相处的时光，都要全身心地投入与享受旅行的当下，让这一趟旅行成为彼此美好的回忆。而且，在回家后，与没有一起参加旅行的另一方，好好地分享你的旅行见闻和你的喜悦，并承诺下一个假期，你也会和TA做一次这样的旅行。

亲爱的小孩，只要你不苛责自己，没有人会苛责你，只要你不让自己纠结，也不会有人能够使你纠结。勇敢地决定吧，勇敢地迎接每一次抉择。

多多

2013年8月21日于北京

magic

那一份小小的善良

我们永远不要忘失那一份小小的善良，那一份难得的意愿——

愿意越过外表的差异而欣赏一个人内在的美好。

多多姐姐：

您好！我是一名在校中学生，平时住在学校。我们寝室有一个女生，她非常老实，人也很好，总是乐意帮同学的忙，可是她很不注意个人卫生，经常在上课的时候抠鼻子用衣服擦鼻涕什么的，所以坐在她周围的同学都挺讨厌她的，经常背地里讲她的坏话，平时也不和她说话。

作为她的室友，我知道她是很善良的。她现在也有点知道大家讨厌她了，其实我有时也讨厌她亲近我，嫌她不卫生。可是我看着她一个人难过的样子又很想帮帮她。多多姐姐请您快帮我出出主意吧！谢谢。

小蓉

亲爱的小蓉：

看到你的来信，让我想起了我自己小时候。

大概是四五年级吧，我们班也有一个小男孩，不太讲究个人卫生，总是随手扯下作业本里的一页纸，就用来擦鼻涕，然后又随手塞进抽屉里，直到堆满抽屉。大家都嫌弃他，嘲笑他，不愿意接近他。那时候的我，觉得一个人没有朋友是一件很可怜的事，总是会主动跟他聊聊天，说说话。可是我当时也不懂怎么去告诉他，他应该改变一下自己的卫生习惯，我只是出于同情心，自认为有责任让他不至于看上去太孤单罢了。

谢谢你的来信，让我有机会在我的脑海里，向那个孤单的小男孩补上我该做而没能做的一番努力。

长大后的我，渐渐懂得不去指正朋友的不足，并不是出于尊重对方，而只是出于我自己的懦弱——太过害怕自己的善意被误会、被否定。而这懦弱的背后，其实是我的不信任——不信任自己有智慧找到最恰当的沟通方式，也不信任朋友有足够的宽容接纳我的建议。那时候的我，只有一颗小小的同情心，却没有足够的同理心；只有一丝小小的善意，却没有更坚定的善良。

如果我能穿越回到那个童年时刻，我想，我会先买一条手帕送给我的朋友，告诉他："虽然你看上去朋友不多，可是我知道你是一个很不错的人，你的善良和直率都是我所喜欢的。看到这一条手帕，我想也许蛮适合你的，送给你，希望你能喜欢。如果以后能经常看到你在用它，我会感到很开心的。"

然后，我会告诉他："作为你的朋友，偶尔听到其他同学在背后议论你，我会感到很难过。但是我也理解，他们并没有很大的恶意，只是因为彼此的生活习惯不一样，所以才会产生细微的分歧，分歧不去理会，也许会发展成更大的误会。如果你愿意改变一下你的卫生习惯，不是要一下子啦，你可以慢慢开始改变，我相信其他人会更愿意和你交往，那时候他们就会了解到真正的你，那个我眼里善良而美好的你。成长，不就是去学习让自己和世界融洽地相处，和平喜悦地相处吗？我们一起努力，好吗？"

亲爱的小蓉，这是我很想为我的朋友做的事、说的话，但是我已经回不去了，希望你还能为你的朋友做到。

但其实更重要的是，我们永远不要忘失那一份小小的善良，那一份难得的意愿——愿意越过外表的差异而欣赏一个人内在的美好。因为在将来，成年人的世界将会更加充满傲慢与偏见，只有当初那份基本良善，能够令我们不因为刻薄而孤单，不因为孤单而悲伤。

祝福你小蓉，还有你那位善良的朋友。

多多

2013年8月24日于北京

鸟儿小姐的翅膀

当爱开始给予的时候，爱就能重新活过来。

多多姐姐：

你好！

大人都说现在的孩子是最幸福的，可我不这么认为。是，我承认我们现在不愁吃不愁穿，可我并没有感觉到快乐。我是一个单亲家庭的孩子，从小在外婆家长大。我对我妈妈爸爸根本没有感情，他们只知道赚钱，我知道赚钱是为了我，可我只是希望他们能陪陪我，让我不要感到寂寞，我真的很害怕这种感觉。他们根本没有站在我的角度想过，我是怎么度过的。每天放学回家，看到的不是我希望的温馨的家，而是冷冰冰的沙发，冷冰冰的桌子，冷冰冰的一切，会是什么样的感受。我真的很想像我的同学一样在爱中成长，快乐地成长。就是因为我有一个冷冰冰的家，所以也有一个冷冰冰的我，一个不爱说话的我，几乎没有朋友的我。

有时候我会想快点长大，既然家不能给我快乐，长大了以后独自一个人去寻找只属于自己的快乐，可这只是我的想象，不是现实，根本就不可能实现。

一只受了重伤的鸟，能飞得高，飞得远吗？就算伤好了，也会留下很深很深的伤疤，那是永远都忘不掉的痛。

亲爱的孩子：

你的来信没有署名，看到你把自己比喻成受伤的小鸟，那我就叫你鸟儿小姐吧。

鸟儿小姐，我知道，每一个孩子都天生渴望接近父母，渴望在与父母建立的亲密关系中找到爱与安全感。父母是第一个教导我们何为真爱的导师。父母之爱，是万般诸爱的渊源。

我也知道，倘若一个孩子在早年就经历了与父母分离，这种天生的渴望就会被人为地中断，这个孩子也许无法再充分信任他的父母，无法跟随内心自发的本能再去接近父母。但其实，这种与生俱来的渴望，对爱的渴望仍然持续存在，只是渴望会转变成伤痛、愤怒或者沮丧。

心理学家认为，一个人在孩童的时候有这种体验的话，通常会在成年之后，很难去爱其他人。他会在这种对渴望的需求和渴望无法满足的负面情绪之间挣扎。他的潜意识当中会经常性地拒绝一些其实他心底非常渴望或者期望的东西。他被这些伤心、痛苦、愤怒和沮丧所充满，这些负面情绪并不能令他改变任何东西，因为这些负面情绪其实是一种次要的感觉，真正原始的感觉是，渴望去跟其他人接近。

亲爱的鸟儿小姐，很抱歉，跟小小的你，竟然要谈到那么不美好的未来。但之所以决定不去避讳现实的残忍，是因为我也同时相信，这一切完全来得及改变，我相信，我们的天性里不光有对爱的渴望，还有着爱的行动力。

虽然你在信中说到，你对你的爸爸妈妈“根本没有感情”，但你是否留意到，紧接着你又说了，你希望他们能够好好陪陪你。我们是不会希望那些对自己根本没有感情的人来陪伴自己的，不是吗？所以首先，你要承认自己对父母还有着强烈的感情，不要因为有可能得不到，就否认自己的真实感受。要知道，当你否认爱，就不会得到爱的回应。

在爱中，我们可以开始发展同理心，可以开始试着谅解父母正在面临的状况。也许我们就会发现，真实的状况是，孩子并不是父母离婚的唯一的受害者，父亲和母亲，他们才是这场婚姻变故中首先受伤的人。努力工作，努力赚钱，也许并不是他们不能陪你的借口，而只是他们可以转移注意力，不去面对现实中婚姻失败的唯一理由。大人们时常会让自己很忙，因为他们以为那样就可以忘了寂寞。

当我们拥有了爱与理解，我们就可以重新修复家庭中被割裂的联结。要知道，父母离婚，永远无法中断你和他们之间血缘的连接，那是灵魂的契约，是生命的传承。要相信，你永远可以，永远有资格对你的父母说："我理解并尊重你们关于婚姻的决定，无论怎样我依然爱你，而我，也依然需要你的爱。请握住我的手，然后抱抱我，就这样，抱着我。"

这样的话，要亲口说出来，要让父母知道，他们是被需要的，他们的爱是意义重大的。当爱开始给予的时候，爱就能重新活过来。你愿意勇敢地尝试一下吗？

亲爱的鸟儿小姐，我始终相信，没有不可以疗愈的伤，没有不可以放下的痛，我始终相信生命本身的力量，而那些生命中的伤痛与挑战，正是为了历练我们的爱与生命力而存在。

爱与痛，就像是鸟儿的双翼——没有爱，我们将无法给予自己和他人快乐；没有痛，我们将不懂令自己和他人远离痛苦。爱成就仁慈，痛成就悲悯，你看，生命为我们准备了多么丰盛的礼物啊，让我们满心欢喜地领受这莫大的赠予吧。

祝福你，亲爱的鸟儿小姐，你一定会重新快乐地飞翔。

多多

2013年8月28日于北京

全力以赴地生活在这个时代

幻想，应该是创造美好世界的一股力量，

而不是逃避现实世界的一个去处。

多多姐姐：

我已经是一个初二的学生了，可我天生想象力丰富，爱幻想。我总是迷恋动漫、漫画，我甚至感觉我就是他们中的一员，为他们哭，为他们笑，我觉得他们都是我的好朋友。

我会为了动漫里的一个结局，哭上好几天；会为了漫画里的一个情节，生上好几天的气。他们说我幼稚、爱哭、太感性，说我活在自己的虚幻世界里，我没什么好辩解的。因为我发现现实好残酷，现实中没有路飞那样的伙伴，没有犬夜叉那样的半妖，没有哆啦A梦的口袋，没有那么多美好的东西。

可这些始终只是一个梦啊，多多姐姐，这样爱幻想的我，到底对不对？

SY

亲爱的SY：

正因为现实总是平庸而多艰，人类才运用想象力创造了如此绚烂的文化——绘画、音乐、电影、小说、戏剧，当然也包括你最爱的漫画，这些都无不得益于人类对现实的不满以及对美好的向往。

你问我爱幻想到底对不对。我想首先肯定，幻想力是一种能力，一种能够不被现实所局限，亦不为功利所指使，敢于跳脱与挑战常规的能力。可悲的是对大部分人来讲，这种能力在走向成人的过程里，会慢慢地退化，变得墨守成规、谨小慎微。

谁还会整个白昼躺在河岸边，看白云幻化成苍狗？谁还会彻夜不眠，将自身幻想成侠客与竹影战斗？谁还愿意杀死命中的恶龙，谁还真的打算拯救地球？

更可悲的是成年后的我们，往往保持了对现实的不满，却放弃了对美好的追求。我们不敢像路飞那样为了伟大的梦想而战斗，不敢承诺生死与共，有始有终；我们不再相信真有人会单纯而热血犹如犬夜叉——虽饱尝世事苍凉与冷漠，却始终没有完全被腐蚀，被异化；我们甚至不会再傻傻如哆啦A梦，为自己的笨朋友一次次伸出援手，不嫌不厌。

所以亲爱的孩子，在进入成人世界之前，幻想，可是你身上的一种宝贵的能力与品质啊。

不过我们同时要明白，幻想，应该是创造美好世界的一股力量，而不是逃避现实世界的一个去处哦。幻想只是你内在的爱、勇气、冒险精神、创造力、幽默感等，暂时无法充分表达时的投射，只要你还能幻想，这些潜质就真实地在你的心中存在着，若非如此，连幻想都无法产生。我们要做的就是认识与认可自己的这些潜能，并在现实中寻找契机去表达它。就好像漫画家们，将自己心中的幻想，画成了漫画故事，让它们生动地展现在漫画书里，然后跨越国界乃至时代的流传，并且让许许多多的漫画迷深刻地被鼓舞，被触动，这不就是幻想与现实世界的完美交融吗?

亲爱的，我有一个建议，既然你是如此容易对漫画故事投入感情的孩子，你可以试着，给你喜欢的漫画人物写信，如同他们就是你真实的朋友。将你的故事，你的梦想，你的快乐和苦恼，你对美好的种种向往，都用书信的方式“告诉”他们，也将你在他们身上受到的启发，学到的思想，得到的灵感“反馈”给他们，当你将种种天马行空的想法付诸笔墨，变成文句，其实就是一个认知与表达的过程，是将幻想中的自己，落实于现实的过程。你用书信与漫画中的人物对谈，其实就是你与自己的对谈，长此以往，幻想终会变成思想，你将拥有让现实变得美好的力量。

如同日本漫画巨匠宫崎骏先生2013年7月接受《朝日新闻》采访时所说的：“在这个时代最好全力以赴地去生活。因为在这个时代没有人能够狂妄地评判一件事情的好坏。”当你全力以赴地运用你关于美好的想象，全力以赴地生活，没有人可以评价你的对错。

全力以赴吧，孩子！

多多

2013年11月23日于印度菩提迦耶

给自己的信

Dear Dorophy

从来没有超过自己能力和境界地对别人好过，

所以一直不觉得自己对别人有多好。

但因此也不会说："我对你这么好你怎么不对我好？"

八分尽心，十分随缘，对自己和别人都更好。

愿你不失单纯，不落世故

年少时爱意萌动，往往寄情于人，暮年后多淡泊透彻，则寄情于山水，其实都是一样的，都是对现实的一种跳脱，对美好的一种描摹。

多多姐姐：

最近有个问题一直困扰我。我是一名初中女生，我在看一本历史书的时候发现了一张贵族的照片，其中有一个男子气质非常吸引我，然后我每天就想去看那本书上的照片。渐渐地我发现我好像喜欢上了他，每次一停下来就会想着他的样子和气质，这样做事就不专心了。但他是一战以前的人啊，我也见不到他，一想到这个我就很难受，我不知道时间久了能不能忘掉，可我不想让这件事影响我的生活，我该怎么办呢？

请您帮帮我！

啊呀呀

亲爱的啊呀呀小姐：

你好！大约十几年前，还是高中女生的我，偶然间看到半阕词“心灰尽，有发未全僧。风雨消磨生死别，似曾相识只孤檠，情在不能醒。”竟爱上了这一份坚执的迷情，人生都似乎还没开始的我，竟也有了一种奇怪的“曾经沧海”“千帆过尽”的喟叹。因此，我也爱上了这首词的作者——清代词人纳兰性德。

那时候纳兰性德并不是中学生所熟悉的词人，他的作品或许因为多为个人情感的表达，又充满了对隐士的艳羡，对佛老的热爱和淡泊功名富贵的思想，大概并不适合鼓励年轻人心怀家国的中学教科书，而互联网那个时候是没有的。所以当我与同桌说起纳兰性德的时候，她只懵懵地回答我：“什么？谁？我只知道阿兰·德龙。”可我就是这样默默地爱上了一位古人。

你说，那时候的我是不是很傻呀，但是这份傻气，并不是什么罪过，更谈不上影响生活了。寄情，只不过是一种在现实之外的别处安放情感与热爱的抒发方式罢了。年少时爱意萌动，往往寄情于人，暮年后多淡泊透彻，则寄情于山水，其实都是一样的，都是对现实的一种跳脱，对美好的一种描摹。唯一的“不应当”，只是“沉湎”而不是“幻想”本身——沉湎于幻想，和沉湎于现实，都是一种深陷和不可自拔，都同样失去了自由，失去了生命中更多的可能性，那才是真正的影响生活呢！

亲爱的啊呀呀小姐，也许当你长大后，你会发现人们沦陷于现实生活，失去了对美好的想象，但愿你还能够想起，你曾经那么真挚地爱过一个从未谋面的贵族男子，但愿你不失单纯，不落世故。

对了，十几年之后，我才再次找到纳兰性德的另外半阕词，我把它用自己的方式演绎成了一首现代诗，权当是对我的“初恋”的一种祭奠吧，分享于你——

心灰尽，有发未全僧。风雨消磨生死别，似曾相识只孤檠，情在不能醒。

摇落后，清吹那堪听。淅沥暗飘金井叶，乍闻风定又钟声，薄福荐倾城。

——纳兰性德

连叹息都只得轻轻

怕吹落心尖的尘埃啊

怕尘埃蒙住了疏落的白发

风雨未能沾染的灰蓝袈裟

今夜被一钵不期而至的思念淋透

我以为我早已经醒来的

原来不曾

听不得风的肆意

因为像极了我的任性

像极了你的无所用情

也许正因为如此

我们才是最契合的一双?

你的撤退成全了我的追赶

但风终于还是让满树的期许零落了

零落在我为你一次次放空的那口小小的井

怎么忘了

即便空空如此

还是无法承载你

如同深海的寂静

是我福薄

写于2009年8月3日深夜的北京

祝福你亲爱的啊呀呀!

扎西拉姆·多多

2014年月1月7日于北京

给自己的信

Dear Dorophy

控制不了自己的人，才会去控制别人；

不了解自己的人，才会担心别人不了解自己。

真的很讨厌

愿望那么小，仅仅只求惊动他，

惊动他来看着我注视我聆听我，发现我的存在。

多多姐姐：

我是一名刚上初一的女生。我平时也没怎么招惹我后面的那个男生，但他总在上课的时候用橡皮屑扔我，还说些讨厌的话。尽管我会些跆拳道，但也不敢反击他，他家很有钱，我不敢打他，怕惹上什么事。可他这样真的让我不能安心学习，我也不想告诉我爸妈，怕他们担心，多多姐姐，我该怎么办啊？

莹儿

亲爱的莹儿：

你说的这个男孩真的很讨厌，他各种招惹你，引起你的主意，害你不得不去惦记，根据我的经验，这明明是因为他喜欢你，为什么他不能直接说出来呢？哎呀呀！为了再次确认这一点，我还专门给我二十多年前的同班同学发了信息：喂，我问你啊，当年上学的时候，你为什么老是捉弄我，惹我生气，快说！

过了一个多小时，已为人父的他回复我：呵呵，那是因为我当时喜欢你呀，想要让你注意到我嘛。”

亲爱的莹儿呀，与其说那个男孩讨厌，不如说那突如其来的情意真讨厌，它像一根细若游丝的线，没有来头，没有缘由，情不知所起，忽而就乱作了一团，也难寂静，也难挑明。还是年少时好呀，可以笨拙，可以粗糙，可以无理取闹，就是不可以隐匿与压抑，不可以无动于衷。虽然我像你那么大的时候，也被如此恼人的男生所捉弄，可多年之后，当我偷偷爱上一个人，又诸般怵悸不敢上前之际，我多么希望自己还能够是个莽撞而不计较后果的少年。那时候的我写下过这样一首诗——

我向白雪的林间抛出一捧更白的雪

鸟雀儿相继飞起

浮世的风物止语

躁动的和灵动的都渐渐远去

这让我怀念起夏日里向湖心投下的石子

也曾惹得众荷生动不已

石上的苔藓都开花

竞相渲染一点就破的心绪

然而黑羽毛的清晰和

白花瓣的摇曳

都不是我无端抛洒的目的

多少羽翼纷纷

多少花笑频频

都未曾在意

我

我仅仅

我只想

惊动你

在白雪的林间抛雪，白上添一抹白，这有什么意义？花不惊，风不醒，涟漪不起，做这种傻事干什么呢？愿望那么小，仅仅只求惊动他，惊动他来看着我注视我聆听我，发现我的存在。亲爱的莹儿，这首诗的名字叫《无端么》，分享给你，但愿你能体会我们这种，无事生非的心情。

心里住着一个傻小子的多多

2014年12月13日于印度菩提迦耶

给自己的信

Dear Dorophy

我总是欢喜，

看到自信而美好的女性在做着她们热爱而擅长的事，

那会散发出一股不可言喻的魅力。

他人的轻慢、世俗的怀疑甚至年老将至，对其丝毫无损。

她爱得那么专注以至于，只剩爱，消失了自己。

生病的大人

在他们的眼神里从来只有爱，而没有怨。

多多姐姐：

我的爸爸是一名图书管理员，但他嗜酒成性，到了寒假喝得更加厉害。我在家想要学习，爸爸却在那里喋喋不休地骂妈妈，我是一名住校生，一到学校就会担心爸爸会不会打骂妈妈。爸爸喝酒后就像一个精神病，今天我实在忍不住把手机砸了，我该怎么办，这样下去我不仅不能专心学习，还会得心理疾病吧。

亲爱的067:

谢谢你在无助的时候想到给我写信，谢谢你的这份信任。在信中你提到担心自己会得心理疾病，亲爱的，我想先跟你谈谈的是，你可了解“酗酒”在一定程度上也是一种疾病？我觉得与妈妈相比，更值得担心的是爸爸呢。

古人认为，酒德有凶和吉两种。《孔氏传》里就曾说过：“以酒为凶为之酗，言讨心迷政乱，以酗酒为德，戒嗣王无如之。”而现代医学也发现长期的酗酒行为将会发展成酒精依赖症。酒精依赖症是长期过量饮酒引起的中枢神经系统严重中毒，而逐渐加重的个性改变和智能衰退则是慢性酒中毒者的特征，病人逐渐变得自私、孤僻、无责任心、情绪不稳定、情感迟钝、工作能力下降、记忆力下降、与周围的人不易相处，并常把工作、生活中的困难归咎于别人，而对酒极为渴求，千方百计也要弄到手，终日手不离瓶，饮酒不分早晚，以酒当饭，并最终导致内脏器官功能出现代谢障碍，甚至衰竭，常有肝、肾硬变，心脏扩大，酒精中毒性心肌炎等……

可见长期酗酒会给一个人的身体与精神带来多么深的伤害。希望你的爸爸只是喜好喝酒，而还没有发展到酒精依赖症的程度，但是这个可能性与倾向仍然是存在的。当我们对酗酒及其引发的病症有了一定的认识，那么就可以尝试把你内心对爸爸的怨恨和恐惧，转化成同情与关心——他并不是这个家庭的加害者，他只是酒精的受害者。虽然饮酒是个人的自主决定，在上瘾的初期，也许可以通过个人意志力来戒除酒瘾。但成瘾是一个漫长的过程，往往当我们发现酗酒带来了危害时，已经进入了不可自拔的深瘾阶段，这个时候酗酒者本人已经变得无助，需要在家人的支持和帮助下，借助科学的医疗手段来戒除对酒精的依赖，并重新建立健康的心理状态。所以，从你的信中看来，现在爸爸的状况，也许不是你担心、责怪，甚至摔手机可以改变的。你和妈妈要坚强起来，帮助爸爸一起解决他的健康危机，将家庭中的对立，转变成为一个共同的目标，为实现它而努力。

我在网上搜索了一遍，发现目前在中国的不少城市已经有了专业可靠的戒酒机构和医院专科，我建议你可以在你们家所在的城市也咨询一下。然后你和妈妈还需要以温和、友善、关切的态度和爸爸做一个沟通，帮助他认识到潜在的健康问题，陪伴他一起接受科学治疗。

亲爱的小孩，不要忘记当我们生病的时候，父母是多么的慈爱相待，我们在病中的一切坏脾气，糟状况，都被父母宽容着、接纳着，在他们的眼神里从来只有爱，而没有怨。如今父母生病了，便正是时候将这些我们当初从他们身上学到的爱与信赖，慈悲与关怀，开展、流露出来，这才不枉这一份万千人海中唯独与他和她成为至亲家人的甚深缘分呀！

祝福你，坚强的小孩！

多多

2015年3月10日于广东肇庆

给自己的信

Dear Dorophy

多多小姐，没有人会天生了解你的全部，

只是有的人会愿意用最大的善意去揣测未知的你，

若遇到，请珍惜。

被逼婚的少年

最大的孝道不是委屈顺从、勉强忍让，

而是终其一生对父母都没有怨怼，没有憤恨，只有爱与感恩。

多多姐：

我遭逼婚了！我是一名大三学生，家境还可以，我爸今年四月份查出得了胃癌，家里面一直都在尽心竭力地照顾他，安抚他。八月份的一天晚上，我爸爸突发心梗，现在因为胃癌不能做心梗手术。这期间我爸成天说他想看我成家立业，想抱个孙子。给我介绍了老家的一个女孩子，她是高中学历，家庭条件一般，还有一个在读大学的弟弟，她家是单亲家庭，她的父亲独自养活三个孩子，她是老二。我爸和她爸都谈好了！关键我和她连面都没见过，我该怎么办？

多多姐姐，我爸是个商人，在家里面拥有着至高无上的掌控权，我从来都是被他所支配。心梗住院的第四天他告诉我，他的日子不多了，我能从他的口吻里读出现在他对生命的渴望……我从小就被教育要服从长辈，他告诉我抱孙子就是他的夙愿，当他得知自己得癌症了之后就一直在暗地里张罗这件事情。先开始我没有回答他我想不想成家这个问题，最后他告诉我婚姻这件事说不清道不明，还告诉我结了婚，不想过就离，再找下一个。我当时震惊了，我感觉这不应该是我爸说出来的话，虽然这个姑娘家境一般，但是这样对她不公平！

小蒙

亲爱的小蒙：

看到你的来信，深深为你父亲的身体状况感到担忧，也为你的处境感到难过。其实若非身处其中，我说什么都会显得轻巧而不负责任。而且我是知道的，你有你自己的答案，只是这个答案太无情，太难以说出口，所以你需要我为你增加一份确认。好吧，以下是我想要跟你分享的一番话，但这并不是你可以对你的父亲去说的，我也并不建议你如此去转达。你我都知道，要改变我们父辈的想法，十分艰难，我这一番只是对你说，希望你将来，能够成为一位不太一样的父亲。

你准备好了吗？我将说一番无情的话。

我们不是濒临灭绝的物种，生殖繁衍不是我们存在的唯一目的。
我们不是迁徙中的游牧初民，安家立业不是我们最迫切的任务。
我们不是封建男权社会中的显贵，选择伴侣不是一宗家族交易。

在清楚这几点之后，我们再来想想婚姻的意义吧。婚姻是一项长久的承诺，而这份承诺的前提是爱，爱可以毫无理由地发生，但是爱的延续却需要两个人有共同的友谊、信念、追求、情趣和审美。但人与人之间能拥有那么多共同点，这两个人还要能在茫茫人海中相遇，其实是个小概率事件。大部分情况都是，我们遇到一个心仪的对方，出于爱而接纳两人之间的差异，然后在时间中磨合与共同成长，当两人对未来的信心足够时，便许下一份关于未来一生的承诺。当然，漫长的一生之中，变数很多，没有人可以百分百保证，承诺一定可以实现携手走到生命的尽头。但是，在你做出承诺的那一刻，你需要有百分百的真诚，需要你将婚姻视作神圣而庄严之事，否则就是你对自己、对对方极大的不负责任。

因为，你的人生是你的，不是任何其他人的，而婚姻生活将是你人生里面最长的一段经历，婚姻的质量将会影响你整个生活，不光是你，还有双方父母与你的子女的生活，所以选择婚姻应该是你最慎重的一个决定。

我们的父母，无论他们有多么深爱我们，他们也无法替我们去爱上另一个人，不是吗？我们的父母，无论他们为我们策划了多少，包办了什么，他们真正想要我们得到的，不是婚姻和家庭的形式，而是幸福，不是吗？我也知道，要去违逆一位强势的父亲，是很艰难的决定，但是辜负一个陌生的姑娘，辜负对未来充满憧憬的自己，难道就会更轻松吗？

但是啊，我也绝对理解，你不忍心让一位完全是出于爱而为你决定未来的父亲失望。我希望你能记住这一点，无论他对你控制、强迫、期待、失望，甚至最后恨你，都是因为最初的爱你。我也希望你知道，最大的孝道不是委屈顺从、勉强忍让，而是终其一生对父母都没有怨怼，没有愤恨，只有爱与感恩，任何让你失去对父母之爱的决定，都要三思而行，好吗？

多多

2016年10月22日于印度菩提迦耶

耐心等待

年轻的你，有足够的理由相信，

你将会得到世上最美好的一份幸福。

此篇不是给孩子的回信，而是我大学毕业第一年，写给我的直属上司的一封信，我把它找了出来，并且收录在《亲爱的孩子》这一章里面，把它作为送给即将毕业的大孩子们的一份心意。

Dear Shirley:

你说我们要写一篇工作总结，说一下这一年里面，工作中的种种感受和收获，而且形式不限。所以我选择了用信件的方式，因为我在与人“交谈”的时候较“总结、汇报”更能说出真实的感受。希望你能够接受我的不讲规矩。

在还没毕业之前，我总爱在宿舍半掩的窗前，猜测自己多变的命运——我拥有的才华，不足以让我成为一个全能的成功者，而究竟有哪一个选择值得我掏出所有的一切，去孤注一掷？年轻的我，一直相信，在我面前有很多的路可以走，也有很多的路可以回头。终于我离开了学校，离开了可以疯狂和不负责任的日子。在我投出了数十份的求职信后，就静静地坐在家里，开始想象该怎样在这么多的公司之间选择。这些想象甚至让我更踌躇，更不安。可是到后来，发现之前的种种假设都是自找麻烦——回应我的只有一家公司，选择只有唯一的一个，根本不需要“两难”。于是我加入了“卓越国际”。后来那些我应征过的公司，陆陆续续地叫我去面试，我并没有觉得自己决定得太仓促，反而庆幸他们没有同时通知我，否则真要使出赌徒一样的勇气，来下个重注。那是我刚踏进社会的第一阶段——害怕选择。

然后，就是一段懵懵懂懂、充满热情却使不上劲的日子。记得您曾经叫我大胆地向同事学习。可是当我不厌其烦地厚着脸皮，硬着头皮地问时，我发现这不仅仅是一问一答这样简单，似乎还要顾及同事的时间、性格和心情。我一时间不知道该怎样继续才好，而同时又非常急于掌握工作的方法和诀窍。这样的状态维持了一段时间，后来我发现，我必须做出一个选择——或者自己摸索，相信只要假以时日，没有什么是我学不会的，不过这样一来，公司将要付出一到两个月的工资去养活一个不能为公司做出贡献的人；或者大方地承认自己的无知，找一个适当的时间用适当的方式，和同事沟通，真心地请教，虽然这样需要勇气，但我认为这是一个比较积极的方法。于是我通过电子邮件写道“……你说这些东西，当时也从来没有人教过你，那可能是因为你的聪明。但是我相信，如果现在你愿意把它们教给我的话，我就可以更快地帮上你的忙，更好地协助你的工作了……”事实证明，我的选择是对的。很快，我们就成为工作上的好搭档，生活中的好朋友。这是我参加工作后进入的第二阶段——敢于选择。

一个月，两个月，三个月都过去了，我和同事们也经历了三四个完整的工作周期，整个工作流程已经基本熟悉，对于媒体单位运作方式也通过实践和书本有了大体的了解。当时的热情似乎开始被千篇一律的下单、数带子、寄带子、包装、搬运所替代。“难道就这样干下去吗？我还可以在这里面学到些什么？这里还有值得并且可以让我去探究的东西吗？”那时我常在堆积成山的广告带前这样问自己。现在我把你当成是我的一位朋友，而不是上司，所以我把当时真实的想法告诉你。后来一件事情改变了我。一天，我在商店里看中了一件很漂亮的工艺品，几经考虑把它买了下来。热心的售货员小姐，为我找来了一个比那件工艺品大两倍的纸箱，再在纸箱里塞满了旧报纸，包装好了交到我的手上。回到公司以后，我发现这样大的一个箱子实在是多余，而且难于携带。我就干脆把工艺品拿了出来，放在一个塑料袋里。下班的时候，刚上了那辆拥挤的公交车，就听到“砰”的一声，心想完了。回家一看，果然已经裂了一道明显的缝。原来，我们认为很珍贵的东西，还是需要很多看似很无用的东西来维持。就像，彩虹仍然需要在这之前的风雨和雷暴；明月仍然需要在它后面的大片黑暗；而智慧，则仍然需要种种的烦恼，才会以最光明、最无碍的方式出现。我们总是认为幸福很宝贵，成就很宝贵，而在得到幸福和成就之前，我们往往不愿意去做一些很平凡，甚至很无聊的工作。可是应该知道的是，那些无聊、沉闷的工作，其实是为了保护我们日后得到成功之后的心啊；为了让我们相信，没有什么是注定的，理所当然的；为了让我们能够像一条深沉、包容的河流，无论是顺畅奔流，还是遇到险滩，都能冷静自如地应对。我分明听到天空中有一个声音在对我说：年轻的你，有足够的理由相信，你将会得到世上最美好的一份幸福。所以，我也有足够的理由告诉你，要耐心地等待！

最让我高兴的是，我对我现在的工作，并不是没有可以选择的。我完全可以在羽翼丰满的时候，考虑更换工作部门，甚至申请提升，主动走到挑战的面前。而在还没准备好之前，我至少还可以选择一种态度，一种喜悦、积极的工作态度，因为有一个我很崇敬的人说过：“让我们烦恼的，不是问题本身，而是我们对问题的看法。”哪怕我还是继续在原来选择好的路上走着，但是一想到，我还可以有其他的选择，眼前的路立刻变得宽广，心也跟着笑了出来。现在，我正处在工作的第三阶段——相信选择，乐于去选择。

至于以后的路，我会走得更稳、更自信，因为我知道，会有很多良师益友——如你，如Fanny，和我做伴，因为我相信，无论上天怎样辛苦地编排，原来都不曾有负于我。

Dorophy

2001年1月22日